中國學術思想 研究輯刊

五 編
林 慶 彰 主編

第 4 冊
朱熹醫、易會通研究

楊 雅 妃 著

花木蘭文化出版社

國家圖書館出版品預行編目資料

朱熹醫、易會通研究／楊雅妃 著 — 初版 — 台北縣永和市：
花木蘭文化出版社，2009〔民 98〕
目 2+168 面；19×26 公分
（中國學術思想研究輯刊 五編；第 4 冊）
ISBN：978-986-254-033-6（精裝）
1.（宋）朱熹　2. 學術思想　3. 中國醫學　4. 易學
125.5　　　　　　　　　　　　　　　　　　98014794

ISBN - 978-986-2540-33-6

中國學術思想研究輯刊
五　編　第 四 冊　　　　ISBN：978-986-254-033-6

朱熹醫、易會通研究

作　　者　楊雅妃
主　　編　林慶彰
總 編 輯　杜潔祥
出　　版　花木蘭文化出版社
發 行 所　花木蘭文化出版社
發 行 人　高小娟
聯絡地址　台北縣永和市中正路五九五號七樓之三
　　　　　電話：02-2923-1455／傳真：02-2923-1452
網　　址　http://www.huamulan.tw 信箱 sut81518@ms59.hinet.net
印　　刷　普羅文化出版廣告事業
封面設計　劉開工作室
初　　版　2009 年 9 月
定　　價　五編 20 冊（精裝）新台幣 33,000 元

朱熹醫、易會通研究

楊雅妃　著

作者簡介

楊雅妃，國立高雄師範大學國文學系研究所文學博士。研究領域為朱子學、易學、宋代理學、國文課程與教學。曾任國立虎尾科技大學通識教育中心兼任講師。

提　　要

　　體證天理，容或有不同的研究進路、思考方法，然其所對準的核心價值趨向，必須是清晰而明確的。後世譽為宋代理學集大成者的朱熹，其接觸醫說、探勘內丹之學、深化易學思考，可以說，正是從不同角度檢證其所持論的理學核心價值。

　　本書指出，後世隨著朱子學躍居官方地位，作為理學價值的「陽主陰從」之說，在朱熹之後，明顯地為醫家所接受，以陽為本、「陽氣既固，陰必從之」，成為指導醫學的先驗理論基調。此外，朱熹跨出了義理易學的立場，肯定《易》為卜筮之書，且涉獵圖書易學，並一改劉牧「圖九書十」之說，據其理學立場的體用說法，以〈河圖〉為數之體、〈洛書〉為數之用，此後，朱熹「圖十書九」的講法取代劉說，成為定論，且為醫家把握數理規律，提供另一種思考的可能。

　　必須說明的是，朱熹在不同領域的研究中，能否順利達到理論的成熟是一回事；其所持論的觀看視角之方法進路，又是另一回事。本書探討的重點在於：朱熹面對傳統醫學（包含丹道養生之說）與易學的重要經典文本，能否適宜地運用其觀看方法，指向其所預設的核心價值所在，並希冀以此作為研究朱熹思想的一個可行進路。

第一章　緒　論

　　就生命角度而言，易學展現了中國生命哲學的智慧，中醫學則呈現了中國生命科學的精華。易學與中醫，這兩個不同領域的學科，在天地人的整體觀照中，有其內在的相關性與一致性。本論文以「朱熹醫易會通研究」為題，將於此章說明研究動機、研究範疇與研究方法。

第一節　研究動機

　　《漢書‧藝文志》著錄醫經七家，二一六卷；經方十一家，二七四卷；房中八家，一八六卷；神仙十家，二〇五卷。由此觀之，漢代以前，傳統醫學尚包含有房中術與神仙方術在內，這便涉及到傳統養生學的部分。

一、醫易會通研究的可能

　　《黃帝內經》包含了《素問》與《靈樞》兩部分，並在陰陽、五行等符號系統上，建構了中國人體生命科學，奠定醫易互通的可能。

　　《素問》七篇大論 ——〈天元紀〉、〈五運行〉、〈六微旨〉、〈氣交變〉、〈五常政〉、〈六元正紀〉、〈至真要〉，以六十甲子為週期的「氣象醫學」，與《易緯》中〈通卦驗〉、〈乾元序制記〉等篇之卦氣說有著繼承關係。《素問》七篇大論與《易緯》卦氣說，皆肯定「人與天地相應」的整體觀念，認為生活於天地之間的人們，在漫長的歲月中，逐漸適應大自然節候的步調，發展出相應的生理規律。此外，《周易》取類比象的方法論及陰陽學說，更為中醫學探討人體生理時，提供理論依據與結構模型等參考價值。

然而，「醫源於易」或「醫易同源」之說在宋代之前並不明顯。唐代孫思邈《千金要方‧大醫習業》認爲，凡欲爲大醫，除了熟諳《內經》等醫著外，「又須妙解陰陽祿命、諸家相法，及灼龜五兆，周易六壬，竝須精熟，如此乃得爲大醫」。〔註 1〕孫氏此言，只把《周易》視爲名醫所必須具備的基本知識內容。時至宋代，古代醫學文獻或因毀損於五代戰火，或因年代久遠，傳抄謬誤，亟待整理。宋代理學家所興起的研《易》風氣，及其面對經典的基本態度，對於醫學界啓迪甚多。

《易》「不可爲典要，唯變所適」之精義，極大地開展金元時期醫家的思想。不囿於前人所制訂的古方，靈活地考量時空環境因素，創造出與臨床實踐相應的醫學理論與治療方法，此乃醫學史上盛況空前的學術爭鳴時期。值得注意的是，面對傳統經典──《周易》，宋儒疑經、解經的態度與方法，確實爲往後醫界面對古代醫學文獻時，提供更爲寬廣、彈性的思考空間。

宋代以降，隨著對《周易》與《內經》的深入探討，援《易》以談醫理，幾已成爲共識。金元四大家之一的劉完素在《素問玄機原病式》序中便曾提到：

> 自古如祖聖伏羲畫卦，非聖人孰能明其意二萬餘言？至周文王方始立象演卦，而周公述爻，後五百餘年，孔子以作〈十翼〉，而《易》書方完然。後《易》爲推究，所習者眾，而注說者多。……易教體乎五行八卦，儒教存乎三綱五常，醫教要乎五運六氣，其門三，其道一，故相須以用而無相失，蓋本教一而已矣。(《四庫全書》第七四四冊，頁 705～706)

劉氏之說，實認定易、儒、醫存在著相互會通之道，其對《周易》，大抵採取開放吸收的態度。

醫易會通的全盛時期，當推明代。李時珍撰寫《本草綱目》時，充分運用了八卦卦象與陰陽五行原理，探討藥物特性；與李時珍同時的張介賓，編次《類經》，便廣採漢易與宋易中之象數模型，闡發天地陰陽之理，並對與天地陰陽相應的人體「藏府經絡之曲折」，「發隱就明，轉難爲易，盡啓其秘而公之於人」(《類經序》，《四庫全書》第七六六冊，頁 2～3)。爲了進一步闡明醫易會通之理，張介賓尚著有《類經圖翼》與《類經附翼》，鎔鑄《周易》象數與義理之學，予以闡明，充分展現醫易會通的全盛氣象。

〔註 1〕《古今圖書集成》：第四十六冊，藝術典第五二一卷，頁 5488。

二、朱熹醫易會通的可能

朱熹博覽經史，出入百家，其研究《周易》，多爲人所知；然而，其於醫學方面的接觸，似未引起後人太多關注。朱子學對醫學所產生的影響，近人郭藹春在其主編之《中國分省醫籍考》（上冊）中提到：

> 江西婺源縣是宋代理學家朱熹的故鄉。考亭之學，一向受到封建王朝的推崇，因之明清兩代文化一直受到它的影響。婺源醫家甚多，醫家著作竟達一百二十餘種，佔江西總數的四分之一。可見婺源文化對江西醫學的發展不無影響，這也許是研究江西地方醫學的特點所在。〔註2〕

郭氏雖認爲江西婺源是朱熹的家鄉，然而，福建才是他長居之地。郭氏從統計學角度作此判斷，主要凸顯一個重要觀點：作爲官方哲學的朱子學與醫學的關係，值得作進一步討論。

中醫之要，首在防範未然，宋代理學家雖不等同於養生家，然而，他們具有豐富的醫學知識，對於養生方法亦頗有心得。元代鄒鉉《壽親養老新書》便曾記載朱熹、邵雍等人的養生之談：

> 晦翁語錄或云：夜飯減一口，活得九十九。（《四庫全書》第七三八冊，卷二，頁340）

> 邵康節詩云：花木四時分景致，經書萬卷號生涯。有人若問閒居處，道德坊中第一家。（同上，卷三，頁376）

> 康節先生詩云：爽口物多終作疾，快心事過必爲殃。知君病後能服藥，不若病前能自防。（同上，卷四，頁378～379）

又明代高濂《遵生八牋》卷一中記有陸九淵、眞德秀之語：

> 《象山要語》曰：精神不運則愚，血脈不運則病。

> 《眞西山先生衛生歌》：萬物唯人最爲貴，百歲光陰如旅寄。自非留意修養中，未免病苦爲心累。何必餐霞餌大藥，妄意延齡等龜鶴。但於飲食嗜慾間，去其甚者即安樂。（《四庫全書》第八七一冊，頁355）

研《易》，乃宋代理學家共同關注所在；通醫，又爲理學中人雅好之道。基於此，並以朱熹集理學大成的特殊身分之故，筆者認爲，醫易會通問題不僅值

〔註2〕 轉引自徐儀明：《性理與岐黃》，中國社會科學出版社，1997年，頁18。

得深入處理，「朱熹醫易會通研究」當具探討之價值。

　　本論文以「朱熹醫易會通研究」為題，將時間斷代置於宋朝，並選擇以朱熹為研究對象，主要基於以下幾點考量：一、醫易在理論層次上探討會通問題，所涉及的基本範疇，多為理學體系中所有，集理學大成的朱熹，在這方面適足以提供更為寬闊的觀察角度。二、理學家的治經、疑經、研經態度，對於探討古代醫學文獻典籍，具有重要啟發意義。三、朱熹晚年對於《周易參同契》的關注，及其相關養生之說，一方面展現其易學思路的轉折，同時也凸顯內丹派易學對醫學產生的可能影響。

第二節　研究範疇

　　以宋代為時間段落討論「醫易會通」命題，必然要正視理學思潮所帶來的衝擊。必須說明的是，本論文乃就理論層面探討「醫易會通」問題。

　　宋代對於古代醫學文獻典籍的研究，主要分成三個方面：《內經》、《難經》、《傷寒論》。此處考量到《黃帝內經》乃中國第一部醫學理論典籍，其於建立理論體系的過程中，吸取並發展了《周易》陰陽學說、取象運數等思維方法，以奠定醫易會通的基本格局；加以朱熹本身談論理學觀念時，對於《內經》之文多所援引，因此，本論文處理朱熹醫易會通問題時，醫學典籍方面主要就《黃帝內經》來談。

　　此處探討《黃帝內經》中所具有的醫學哲理，作為宋代文化思潮的一部分，無可避免地，將與同時代理學思潮有所接觸。理學集大成者朱熹，對於《周易》自有其研《易》路數，而面對《內經》等醫學典籍，如何由博返約，以期在更高理論層次把握醫、易相通之道，理學基本範疇體系適足以提供其對話之基礎。

　　就研究範疇而言，本論文主要通過「太極」、「陰陽」等範疇的研究，一方面就理學基本範疇來談，另方面以此討論醫易學之相關命題，可謂從醫學、易學、理學等方面觀察朱熹思想。

　　理學，以「太極」為宇宙本原，陰陽五行，天地萬物，皆由此演變產生；醫家朱震亨亦認為：「先儒謂物物具太極，學者其可不觸類而長，引而伸之乎？」（《格致餘論‧吃逆論》）〔註3〕足見，「太極」乃探討朱熹醫易相通之重

―――――――――――
〔註3〕收錄於《四庫全書》第七四六冊，頁671。

要關鍵；至於「陰陽」範疇，往往與「五行」相提並論，因此，本論文提到「陰陽」範疇時，乃是談「陰陽」且賅舉「五行」。

第三節　研究方法與步驟

在目前可見的論文中，談論醫易會通者，不乏研究成果，例如：周繼旨〈從易學思維模型看中西醫區別與醫易會通〉、〔註 4〕李申〈周易與中醫關係略論〉、〔註 5〕顧植山〈中醫學的起源與醫源於易論〉、〔註 6〕薛公忱〈略評醫易同源及醫源於易〉、〔註 7〕蕭漢明〈醫易會通之我見〉〔註 8〕等文；直接以醫易為題的專著，則有張其成《易學與中醫》；〔註 9〕從理學角度談論中醫者，徐儀明《性理與岐黃》〔註 10〕可資參考。然而，以朱熹為醫易會通研究者，目前卻未見實際成果，因此，筆者以「朱熹醫易會通研究」為題進行探討。

一、研究方法

理論或學說的形成，可以從概念、命題等具體理論層次觀之，也可以從基本思想，甚至思維方法進一步把握。處理朱熹醫易會通問題時，必須正視一個觀念：醫易之間不能只是簡單地比附，更重要的是，從理論層面把握其相通性，檢討二者間方法學，甚或思維方式等更高層次的理論探討。對此，張其成曾指出：

> 醫易會通的交點，只能是在深層次的思維方式層面。從理論載體上說，這種思維方式導源於《易經》，定型於《易傳》和《內經》，發展於漢以後，尤其是隋唐以後的易學與中醫學（最高代表作是張介賓的《醫易義》）。〔註 11〕

誠然，理學方面傑出的哲思境界，大大地提高人們認識事物的深刻程度，而朱熹醫易會通研究，表現在思維方法上，則需從既有傳統思維方式中，確立

〔註 4〕　收錄於《國際易學研究》，1997 年第三輯。
〔註 5〕　收錄於張其成主編：《易醫文化與應用》，華夏出版社，1995 年。
〔註 6〕　同上。
〔註 7〕　收錄於《南京中醫藥大學學報》，1995 年第二期。
〔註 8〕　收錄於《周易研究》，1994 年第四期。
〔註 9〕　張其成：《東方生命花園——易學與中醫》，中國書店，1999 年。
〔註 10〕　徐儀明：《性理與岐黃》，中國社會科學出版社，1997 年。
〔註 11〕　張其成：《易學與中醫》，中國書店，1999 年，頁 234。

出既適用於《易》、亦適用於醫的思維方式，且該思維方式必須是朱熹思想中所實際運用者。

　　大致說來，易學分為象數與義理兩派，以人體自然生命為研究對象的醫學，在問診、臨床經驗總結等需求上，尤須一套理論思維模式以體現醫道哲理。易學象數派的取象、運數等思維方法，對醫家實裨益良多；然而，取象所據、運數之理，實未能與義理截然劃分。因此，本論文處理朱熹醫易會通問題，乃是就理、氣、象、數為主的思維方法來談。

二、研究步驟

　　本論文基本架構，主要分成幾個大方向來處理。

　　首先，對於朱熹所處時代環境背景而言，分成「朱熹與研醫風氣」、「朱熹與內丹思想」及「朱熹與圖書象數易學」三個部分探討。主要參考資料，來自於對朱熹生平傳略的整理，舉凡年譜、語類、文集等資料，就此原則予以分類，而非按其生年逐一介紹。

　　其次，筆者認為，唯有處理醫易間的思維模式及理論問題，方能從事更高層次的意義探討，而非停留在粗淺的比附關係。故而，在確立「朱熹醫易會通基礎」一章之後，便從朱熹醫易會通之處談起，並分作「太極思維」與「陰陽象數思維」。必須說明的是，在處理朱熹醫易會通問題時，狹義地說，是醫學與易學在理論層次上的會通；廣義地說，則包含了醫、易與道教內丹學。〔註12〕

〔註12〕關於此點，朱伯崑的析論甚為具體，其言曰：「宋代以後，道教內丹派易學開始受到儒者與醫家的注重，宋儒易學也對道教內丹派易學起到了促進作用。以程頤為代表的義理易和以邵雍為代表的象數易，及以陳摶為代表的道教易，對金元時期和明代的中醫藥學產生了重大影響。」（朱伯崑主編：《易學基礎教程》，廣州出版社，1993年，頁393）

第二章　朱熹與研醫風氣

　　本章以「朱熹與研醫風氣」爲題進行探討，首先指出宋代理學家研醫風氣，以爲朱熹接觸醫說的背景敘述；其次，瞭解朱熹接觸醫說的情況。

第一節　宋代理學家研醫風氣

　　唐末五代以來藩鎮割據的局面，隨著北宋政權的確立而告結束。社會相對穩定，經濟得以發展，促使宋代在科學技術、哲學思想、以及中國醫藥學等方面，皆有長足進步。宋代爲因應政權穩固之需，發展出一套文官統治制度，相當重視文士的培養，當時，知識分子的社會地位與作用更形重要。大量培養文士的結果，促成了文化科學蓬勃發展，其中，有一部分文士進入了醫學領域，大大地提高醫藥水準，此乃兩宋醫學發達的一個社會因素。

　　爲後人所熟知、官至樞密院副使的范仲淹曾云：「不爲良相，當爲良醫」。士人知醫，在當時已蔚爲一股時代風尚。另有政治家司馬光、詩人陸游、文學家蘇東坡、科學家沈括等，皆通曉醫學。由於文士進入醫學領域，宋代開始有「儒醫」之稱，此處將以理學家爲主要關注對象，瞭解理學中人對醫學的接觸情況，進而把握朱熹接觸醫說的時代思潮。

　　本節以「宋代理學家研醫風氣」爲題，將分成兩部分探討：一、醫儒相通的時代背景；二、宋儒對《內經》的關注。

一、醫儒相通的時代背景

　　有宋君王對於醫藥學多有濃厚興趣，風行草偃之效，一時之間，朝野上

下，均興起一股「醫學熱」。就實際作爲而言，舉凡醫政設施、慈善療養機構、國家藥局、醫藥律令、醫學教育等，在在深化時人對於醫學的重視。

（一）朝野上下的態度

自北宋以來，多位帝王均對醫藥學產生濃厚興趣，《宋史》卷三便曾記載道：「乾德改元，受命杜太后，傳位太宗。太宗嘗病痘，帝往視之，親爲灼艾。太宗覺痛，帝亦取自灸。」[註1] 描述了太祖趙匡胤曾爲其弟趙光義（太宗）施以針灸之術。此外，太宗本人亦熟悉醫道，在位之際，曾令翰林醫官整理前代方書，編成百卷本的《太平聖惠方》，並親爲作序云：

> 朕昔自潛邸，求集名方，異術玄針，皆得其要。兼收得妙方千餘首，
> 無非親驗，並有準繩。貴在救民，去除疾苦……朕居億兆之上，常
> 以百姓爲心，念五氣之或乖，恐一物之失所，不盡生理，朕甚憫焉。
> （《太平聖惠方》御序）[註2]

貴爲九五之尊，猶能關心民瘼，體貼民心，爲使百姓免於疾病所苦，廣羅妙方，親作試驗，宋太宗深好岐黃之術，在當時起著爲天下表率之功。爾後，宋眞宗亦曾數次下詔，頒行《太平聖惠方》於民間。

仁宗朝更敕命設立「校正醫書局」，以醫官掌禹錫、高保衡、林億、孫兆等人負責，對包括《內經》在內的歷代重要醫籍進行系統的蒐集、整理、考證、校勘；再者，又創官辦太醫局，進行全國醫藥普查，編纂《嘉祐本草》，統一針灸經絡腧穴標準等。《宋史》卷一七八也曾記載仁宗寬厚體民之胸襟，云：

> 嘗因京師大疫，命太醫和藥，內出犀角二本，析而視之，其一「通
> 天犀」。內侍李舜舉請留供帝服禦。帝曰：「吾豈貴異物而賤百姓？」
> 竟碎之。又躅公私僦舍錢十日，令太醫擇善察脈者，即縣官授藥，
> 審處其疾狀予之，無使貧民爲庸醫所誤，天閔其生。（頁4338）

值得注意的是，「理學」正是產生於於宋仁宗慶曆年間，當會接觸到這股醫學熱潮。

據宋孟元老《東京夢華錄》所載，亦可見當時民間藥鋪售藥之普遍。其中提到東京（今開封）有「李生菜小兒藥鋪」、「山水李家口齒咽喉藥」，及專

[註1] 楊家駱主編：《宋史》，中國學術類編，鼎文書局，頁50。
[註2] 宋·王懷隱等編：《太平聖惠方》，卷一，（新文豐出版公司，1980年），頁2
　　～4。

售美容藥的「張戴花洗面藥鋪」和專售丸藥的「百種圓藥鋪」等。若再就北宋張擇端所繪《清明上河圖》觀之，尚有治病而兼售生熟藥的「趙太丞家」之圖，當時，東京唯井子劉家藥肆規模最大，「高門赫然，正面大屋七間」，最為著名。此外，鄰里巷曲之間，亦有為數不少的藥攤子兜售藥物。

　　雖然宋代朝野上下極為重視醫學，但宋代以前的士人，即便精通醫道，卻不願被視為醫家。例如，東晉時期清談領袖殷浩，擅於經方，卻不願為人治病，即便偶一為之，卻又立即燒毀經方。時至唐代，韓愈在其〈師說〉一文中，猶有「巫、醫、樂師、百工之人，君子不齒」之語，可見當時候對於醫術仍以雕蟲小技視之。

　　這種情況到了北宋，則有了一百八十度轉變，竟出現了「醫而優則仕」的現象。明代徐春甫《古今醫統・儒醫》記載道：

> 慶曆中有進士沈常，為人廉潔方直，性寡合，後進多有推服，未嘗省薦。每自嘆曰：「吾潦倒場屋，尚未免窮困，豈非天命也耶？」乃入京師，別謀生計。因遊至東華門，偶見數朝士，躍馬揮鞭，從者雄盛，詢之市人：「何官位也？」人曰：「翰林醫官也。」常又嘆曰：「吾窮孔聖之道，焉得不及知甘草、大黃輩也？」始有意學醫。〔註3〕

慶曆年間，進士沈常慨嘆「窮孔聖之道」，不若「知甘草、大黃輩」，毅然學醫。可以推知，當時醫學所受重視的程度。

（二）理學家們的關注

　　「理學」，北宋時期一股新的社會思潮，體現了當代精神所寄。其特徵，表現為對漢唐以來章句注疏之學和篤守師說的反動。宋代文士大膽突破漢唐「傳注」，從「舍傳求經」到「疑經改經」，為學術界注入一股新鮮蓬勃的發展風氣。此處談論理學中人對於「醫」的關注，是由慶曆至熙寧的二三十年間談起，據以瞭解：理學在形成發展過程中，其接觸當時蔚為風氣的醫家之說，是否因此激盪、開展出不同的學術視野。在理學家眼中，經由為官之途以達經世濟民乃第一選擇，然而醫家懸壺濟世、救人活命，實亦殊途同歸；更何況，習醫養生，乃儒者修身之基本功夫。有此認識，以下便討論理學家（包含理學先驅們）對於醫學的看法。

1. 胡　瑗

〔註3〕《古今圖書集成》：第四十六冊，頁5503。

「宋初三先生」之一的胡瑗（993～1059），曾有弟子就學京師，染病甚重，據《宋元學案》記載，該弟子：

> 就學京師，所齎千京，僾蕩而盡，身病瘠將危，客於逆旅。適其父至，閔而不責，攜之謁安定（胡瑗），告其故。曰：『是宜先警其心，而後教諭之以道也。』乃取一帙書曰：『汝讀是，可以知養生之術。知養生，而後可學矣。』視之，乃《素問》也。讀未竟，惴惴然懼伐性之過，自痛悔責。安定知已悟，召而誨之曰：『知愛身，則可修身。自今以始，其洗心向道，取聖賢書次第讀之。既通其義，然後為文章，則汝可以成名。聖人不貴無過，而貴改過。勉勤事業！』先生銳穎善學，取上第而歸。」（〈安定學案〉卷一，第一冊，頁 59）

胡瑗認為，「知愛身」方足以「修身」，而養生之道，可以先讀《素問》。《素問》乃是《內經》的重要組成部分，由此可知，胡瑗對於「醫」的重視。《宋元學案》另外提及胡氏弟子劉彝「知處州，著《正俗方》，訓斥尚鬼之俗，易巫為醫」（《宋元學案‧安定學案》卷一，頁 47）；又，陳高除了「潛心經術，尤深于《易》」外，尚「始建醫學，除太醫學司業」（《宋元學案‧安定學案》卷一，頁 57）。由此可知，理學在盛行之初，便與醫學有著密切關係。

2. 范仲淹

范仲淹（989～1052），素以「先天下之憂而憂，後天下之樂而樂」之襟抱聞名。曾於宋仁宗朝官居參知政事。據宋吳曾《能改齋漫錄》卷十三記載，范仲淹嘗有不為良相，則為良醫的想法，其言曰：

> 嗟乎，豈為是哉。古人有云：常善救人，故無棄人；常善救物，故無棄物。且大丈夫之於學也，固欲遇神聖之君，得行其道。思天下匹夫匹婦有不被其澤者，若己推而內之溝中，能及小大生民者，固惟相為然。既不可得矣，夫能行救人利物之心者，莫如良醫。果能為良醫也，上以療君親之疾，下以救貧民之厄，中以保身長年全。在下而能及小大生民者，捨夫良醫，則未之有也。（《四庫全書》第八五〇冊，頁 753）

倘能「遇神聖之君，得行其道」，固為可喜之事；然而，若果未能得，則莫如良醫「行救人利物之心」。范文正公「不為良相，則為良醫」之言，對於當時士子，具有莫大鼓舞作用。蓋宰輔之位難得，得之我幸，不得我命；但耕耘岐黃醫術，裨益世人甚眾，療君親之疾、解貧民之厄、養己身之性，同樣是

對芸芸眾生盡一己之力。

3. 邵　雍

邵雍（1011～1077），擅於養生之術，與醫道有著不解之緣。其詩歌中，亦多養生壽老方面的內容。如〈百病吟〉：

> 百病起於情，情輕病亦輕。可能無係累，卻是有依憑。
>
> 秋月千山靜，春華萬木榮。若論真事業，人力莫經營。
>
> （《擊壤集》卷十七，《四庫全書》第一一○一冊，頁133）

名為〈百病吟〉，開頭便道「百病起於情」，看似輕描淡寫，卻是邵雍觀察所得。在他看來，疾病與情志之間，關係密切，情志得以舒坦自在，病也就好了大半。人生在世，若謂功名可求，然終究不是「真事業」；「人力莫經營」的「真事業」，方教人想求求不得，機關算盡亦無濟於事。

又〈感事吟〉：

> 用藥似交兵，兵交豈有寧？求安安未得，去病病還生。
>
> 湯劑未全補，甘肥又卻爭。何由能壽考？瑞應老人星。
>
> （同上，頁130）

此處強調用藥養生應當戒慎。邵雍聊發經驗之談，將用藥比喻作「交兵」，既謂「交兵」，自非平穩寧靜，而是以此剋彼，將有一傷，遂言「求安安未得，去病病還生」。如此一來，兩相爭剋的結果，又豈能得以壽考！

除了《擊壤集》中的詩句，邵雍在論述理學思想時，也常結合醫理來談，有時甚至直接援引《內經》原句，《皇極經世・觀物外篇》便曾提到：

> 《素問》言：「肺主皮毛，心與脾主脈與肉，肝則主筋，腎則主骨。
> 肺上，心次之；腎下，肝次之，此上而下之謂。皮毛外，脈次之；
> 骨居內，筋次之，此外而內之謂。……心主血，陽禦陰；腎主骨，
> 陰輔陽，又其交相為主也。交則為用，不交則為體。」（《皇極經世
> 書》第二冊，〈皇極經世緒言〉卷八下，頁9）
>
> 日為心，月為膽，星為脾，辰為腎臟也。石為肺，土為肝，火為胃，
> 水為膀胱，府也。（同上，頁16）

邵雍窮日、月、星、辰、飛、走、動、植之數，以期盡天地萬物之理；觀陰陽消長，把握古今治亂之道。因此，援引《內經・素問》探討人體臟腑的性質和作用，並將五臟六腑與星辰木石相類比，適足以闡釋其天人符應的思想。

4. 張　載

關學領袖張載（1020～1077）亦頗精通醫道。宋邵伯溫《邵氏聞見錄》卷十五，記有張載爲邵雍診病之事，其以「知醫」與「談命」相結合，正是宋儒道問學的一大特色。此外，張載在其重要哲學著作《正蒙》中，對於醫理亦多所援引，如：

> 寤，形開而志交諸外也；夢，形閉而氣專乎內也。寤所以知新於耳
> 目，夢所以緣舊於習心。醫謂饑夢取，飽夢與，凡寤夢所感，專語
> 氣於五藏之變。容有取焉耳。（《張子全書》，《正蒙》卷二，頁 17）

這裡的「醫謂」，乃是引自《內經》的另一部份——《靈樞》的〈淫邪發夢〉篇，文中有所謂「甚饑則夢取，甚飽則夢與」之語。張載在《經學理窟・義理》中甚至認爲《內經》等醫書是「聖人存此」，可見其對於醫學的重視。

5. 二　程

程顥（1032～1085）、程頤（1033～1107），創立洛學學派。二程兄弟於其時代思潮中，除了出入佛老、返求六經之外，尚認爲物理皆有其趣。值得注意的是，二程言說中的「物理」，足與醫家之說相發明，嘗謂：

> 至如人爲人問「你身上有幾條骨頭，血脈如何行動，腹中有多少藏
> 府」，皆冥然莫曉。今人於家裡有多少家活屋舍，被人問著，己不能
> 知，卻知爲不智，於此不知，曾不介意，只道是皮包裹，不到少欠，
> 大小大不察。近取諸身，一身之上，百理具備，甚物是沒底？（《二
> 程遺書》卷二下，頁 5）

又云：

> 世之人務窮於天地萬物之理，不知反之一身，五臟六腑毛髮筋骨之
> 所存，鮮或知之。善學者，取諸身而已，自一身以觀天地。（《二程
> 外書》卷一一，頁 2）

人之所以要認識自身生理狀況，乃是爲了推知天地之理、萬物之理。「理」，便在自己身上，所謂「一身之上，百理具備」，不知近取諸身，以觀天地，不可稱「善學」者也。

此外，程顥尚有一句名言：「事親者亦不可不知醫」（《二程外書》卷十二，頁 7）。我國向來以孝治天下，程顥將醫道與孝道聯繫在一起，對於後世影響甚大。二程對於醫道的熱中，還表現在程頤爲醫家作傳。對醫史興趣濃厚的程頤，曾綜合歷代名醫事蹟，編有《名醫傳》，堪稱一部傳記體的醫家史書。

自北宋仁宗慶曆以來，醫學教育有了蓬勃發展，理學亦於此間逐步開展、形成。理學先驅、理學奠基者在建立學說之際，多援醫入儒，在重視生理生命的醫學基礎上，深化對「人」的認識，進而為「道德生命」確立穩固基礎。

二、宋儒對內經的關注

宋仁宗慶曆以後，學術思想界出現了一股「疑經」思潮。「疑經」現象，早在唐代中葉便已出現，然而，當時主要是懷疑漢唐的經學注疏，要求突破漢唐經學注疏傳統；到了宋慶曆之後，學者們不僅敢於懷疑漢唐經師們的注疏及其所闡發的經義，更進而對部分經書的作者，乃至於對經典本身提出疑義。

宋慶曆以降所形成的疑經風氣，主要目的在於各出新意以解經，矯正固陋之弊。宋人希望依據時代需要及一己的深思，以重新解經，並確立經典的權威。就在宋代形成疑經風氣的同時，亦引領一股讀經、研經的風潮，學習經典、研究經典、討論經典，很快成為宋代學術界盛行的現象。他們不僅熱心探討《詩》、《書》、《禮》、《易》、《春秋》等漢唐諸儒重視的「五經」，更對《大學》、《中庸》、《論語》、《孟子》等「四書」表現強烈興趣，據《宋史・藝文志》記載，宋儒經學著作已達一千三百零四部，其中尤以《春秋》學和《易》學著作為多，分別為二百四十部與二百十三部。

所謂「經典」，簡單地說，便是包含該學說要義者，亦即該家傳道的書籍。理學在發展過程中，廣泛涉獵前代典籍，醫家《內經》更是受到宋人普遍關注。在瞭解宋人對於《內經》的討論情況之前，有必要對《黃帝內經》作一初步認識。據《漢書・藝文志》記載，《黃帝內經》十八卷，《外經》三十七卷。可見《內經》最初是與《外經》對舉的名稱。《漢書・藝文志》乃班固據西漢末年劉歆《七略》寫成，而《七略》又是據劉向《別錄》編成，因此，《黃帝內經》之名，最晚在劉氏父子所生活的西漢末年已經存在。

「黃帝」之名與醫書相聯，蓋源於《史記・倉公傳》有「黃帝扁鵲之脈書」的說法。究其原因，大致可歸納成兩個方面：其一，西漢初年，休養生息，黃老之學盛行，道家虛靜恬淡，順應陰陽四時規律的思想，與醫家養生保健思想一致，因此，將「黃帝」與醫書聯繫，乃順理成章之事。其二，或出於崇古託聖之風。

就組成內容觀之，《黃帝內經》包括《素問》與《靈樞》兩部分。西晉皇

甫謐《鍼灸甲乙經》序中曾提到：

> 按《七略》藝文志，《黃帝內經》十八卷。今有《鍼經》九卷、《素
> 問》九卷，二九十八卷，即《內經》也。（《四庫全書》第七三三冊，
> 頁 511）

皇甫謐所言《鍼經》與《素問》，即為《黃帝內經》中的兩大部分——《素問》
與《靈樞》。其中，《靈樞》一名，皇甫謐以《鍼經》言之，可見《靈樞》之
名恐怕出現較晚。

東漢張仲景《傷寒論》序文中，曾有「撰用《素問》、《九卷》」之語；又，
《隋書・經籍志》雖不見《黃帝內經》之名，但卻著錄有《素問》九卷，及
《鍼經》九卷。最早把《鍼經》改稱《靈樞》，為唐代醫家王冰。王冰在注解
《素問》時曾提到：

> 《靈樞經》曰：經脈為裏，支而橫者為絡，絡之別者為孫絡。（《素
> 問・三部九候論》注，《四庫全書》第七三三冊，頁 77）

另於《素問・調經論》注文中援引同一段文字，說道：「《鍼經》曰：經脈為
裡……」。相互參照比對，可知王冰所說《鍼經》即是指《靈樞》而言。

流傳至今的《素問》，乃王冰編排過後的本子。蓋《素問》一書，最初應
有九卷，每卷九篇；然而，時至唐代，只剩八卷，第七卷已散佚不可得見。
王冰注解《素問》，據其先師張公秘本，補上七篇大論——〈天元紀大論〉、〈五
運行大論〉、〈六微旨大論〉、〈氣交變大論〉、〈五常政大論〉、〈六元正紀大論〉、
〈至真要大論〉等。

而《靈樞》一書到北宋時，已有所殘缺。北宋哲宗元祐八年（1093），高
麗獻上醫書，當中便有《鍼經》，哲宗皇帝乃下詔頒行天下，宋代方才有較為
完整的《鍼經》（亦即《靈樞》）。現今所流傳的《靈樞》，乃是南宋錦官（成
都）史崧將其「家藏舊本《靈樞》」整理後出版。

持疑經態度的學者們，主張解經應當「隨義而發」、「必以理勝」，對儒家
經典進行義理性說解，以重新評估該經典的學術價值；此種態度表現在對待
《內經》上，首先便是《內經》的作者問題、以及確認《內經》的成書時代。

（一）關於《內經》的作者

宋代醫學發達，對於醫書的整理、編輯、校訂，與當時廣開徵書之路關係
密切，也因此奠下了研究醫書的基礎。《續資治通鑑長編》卷二十二便曾提到：

> 癸酉詔諸州士庶家有藏醫書者，許送官，願詣闕者，令乘傳，縣次

續食，第其卷數，優賜錢帛。及二百卷以上者與出身，已任官者增
其秩。未幾，徐州民張成象以獻醫書補翰林醫學，自是誘致來者，
所獲甚眾。（《四庫全書》第三一四冊，頁 327～328）

宋仁宗朝，更是宋代醫學發展鼎盛時期。值得注意的是，嘉祐年間，「校正醫
書局」的成立，意味著朝廷投入大量人力、心力，以校正歷來重要醫書。自
嘉祐二年至熙寧二年（1057～1069），先後校勘了《神農本草經》、《靈樞》、《太
素》、《甲乙經》、《素問》、《廣濟方》、《千金要方》、《脈經》、《傷寒論》等書。

　　對於《內經》作者的認定，官方「校正醫書局」所持意見，相較於理學
家而言，則顯得保守許多。高保衡、林億等校正醫書局主事者，對於黃帝為
《內經》作者的看法，持著肯定態度；宋儒（尤其是理學家）對於《內經》
作者的討論，則充分體現懷疑精神，無懼成說，勇於提出不同觀點，認為《內
經》與黃帝無關。司馬光如此說道：

謂《素問》為真黃帝之書，則恐未可。黃帝亦治天下，豈可終日坐
明堂，但與岐伯論醫藥鍼灸耶？此周、漢之間，醫者依託以取重耳。
（《傳家集》卷六十二〈與范景仁書〉，《四庫全書》第一〇九四冊，
頁 561）

司馬光訴諸常理推斷，認為黃帝身繫天下治亂之責，日理萬機，怎會鎮日與
岐伯在宮中「論醫藥鍼灸」？故而推斷，應當是周、漢時人所作，託言黃帝
云爾。

　　此外，程顥也從文字氣象觀之，認為《素問》並非黃帝所作。他說：「觀
《素問》文字氣象，只是戰國時人作，謂之三墳書則非也。」（《二程遺書》
卷十九，頁 13）又道：「《素問》出於戰國之際，或以為《三墳》者，非也，
然其言亦有可取者。」（《二程粹言》卷一，頁 1201）

　　誠然，司馬光與程顥分別就常理推斷與「氣象」觀之，立論依據稍嫌薄
弱，然而，其說法確實引起人們對此問題的關注，且得到大多數研究《內經》
者之認同。總的來說，目前醫界普遍有如下共識：《黃帝內經》並非一人一時
之作，而是戰國至秦漢時期，醫家們總結醫療經驗與理論探討，不斷予以整
理修訂的結果；甚而，其中有部分篇章，尚經過魏晉南北朝至隋唐時期醫家
的增補修訂。可以說，《黃帝內經》乃是醫家集思廣益而成的集體著述。

（二）關於《內經》的成書年代

　　關於《內經》成書年代問題，理學家們有如下看法。程頤說：「《素問》

書，出戰國之末，氣象可見。」(《二程遺書》卷十八，頁 39) 陸九淵則謂：「《素問》之書，乃秦漢以後，醫家之書，託之黃帝、岐伯耳。上古道德純備，功利之說不興，醫卜之說亦不如是。」(《陸九淵集》卷十，〈與涂任伯書〉，頁 130) 大致說來，程、陸認為，《素問》成書於戰國或秦漢時期。值得注意的是，宋儒多提及《素問》，卻很少談到《靈樞》，這裡有必要作一些說明。

就流傳本子而言，《內經》一書，截至宋代為止，已經過多次的整理與注釋。《素問》部分，齊梁間人（一說隋人）全元起，是最早校注《素問》的醫家。其所校注之書，名為《內經訓解》，宋代以後便已亡佚；然宋代林億所校訂的《重廣補注黃帝內經素問》中，仍可見到全元起所作部分內容。再而，隋人（一說唐初人）楊上善對《內經》進行分類研究，此舉乃研究《內經》的一大突破，提要鉤玄地處理《內經》理論內容；遺憾的是，其所注《黃帝內經太素》一書，至宋代已殘缺不全，爾後便亡佚不可考。今存《素問》最古的校注本，當推唐代王冰《注黃帝素問》一書。

值得一提的是，王冰注解《素問》時，自稱得自師藏秘本，補上七篇大論——〈天元紀大論〉、〈五運行大論〉、〈氣交變大論〉、〈五常政大論〉、〈六微旨大論〉、〈六元正紀大論〉、〈至眞要大論〉，此七篇大論乃關於「五運六氣」的篇章。問題出在：前此的皇甫謐、楊上善等人皆不見此七篇大論之說，王冰說法一出，免不了遭人非議其眞實性。平心而論，王冰首倡「五運六氣」之說，著實對醫家理論貢獻良多。

現今流傳的《靈樞》，乃是南宋錦官（成都）史崧將其「家藏舊本《靈樞》」整理後出版的，該書很可能便是哲宗年間高麗所獻《鍼經》。而宋代理學家討論《內經》成書年代問題，多就《素問》而言，並將其成書年代確認於戰國或秦漢時期。

第二節　朱熹研醫關注

本節以「朱熹研醫關注」為題，藉此瞭解朱熹對於醫書、醫學理論的接觸情形。以下，將分作兩方面探討：一、儒醫文化現象下的朱熹；二、醫說對朱熹理學的深化。

一、儒醫文化現象下的朱熹

儒與醫合一的現象，早在宋代以前，便已出現。晉皇甫謐便是博通經史、

究心醫道之人。唐代孫思邈甚至認為，欲盡忠孝，不可不知醫，其於《備急千金藥方》序中曾說：「君親有疾不能療之者，非忠孝也。」（《四庫全書》第七三五冊，頁 10）雖如此，儒醫現象尚未蔚為風氣。能全面且自覺地言儒、醫合一，並形成儒醫文化現象，當推宋代。

宋代理學思潮與習醫風氣相激盪，使得儒者（或理學家們）多以自身儒學涵養為底子，接觸醫說，鑽研醫道。以陸九淵而言，其自幼體質屢弱，患有血疾；長成，又罹痔瘡等病。這對體弱之人固不是件好事，然此機緣，卻也令陸九淵得有接觸醫道的興趣。因病而知醫，知醫而懂得調節氣血、養護生息，倒也是另一種收穫。陸九淵曾有感而發道：「有一段血氣，便有一段精神。」（《陸九淵集》卷三五《語錄》，頁 454）此則說明瞭身體的健康，乃一切志業之本；氣耗體弱，遑論其他。

南宋時期好談醫的理學家，尚有真德秀、魏了翁等人。真、魏二氏非但在理學上享有盛名，也是好談醫者。明代高濂《遵生八牋》卷一，便收錄有〈真西山先生衛生歌〉，其中「自非留意修養中，未免病苦為心累」（《四庫全書》第八七一冊，頁 51），便強調養心的重要。此外，魏了翁《醫學隨筆》一書，徵引《素問》等醫書的內容頗為詳盡外，且有多出己意者，可見其興趣所在。

然而，專注於一經，猶不免顯得單薄；博採各家學說以自成體系，才更見其豐富厚實。朱熹便曾強調：「博學，謂天地萬物之理，修己治人之方，皆所當學。」（《朱子語類》卷六十四，頁 1564）明代《李濂醫史》卷六曾提及朱熹討論《脈經》、《難經》的情形。又，紹熙三年（1192，朱熹六十三歲），已屆花甲之齡的朱熹，坦言道：「《素問》語言深，《靈樞》淺，較易。」（《朱子語類》卷一三八，頁 3278）由此可見，身處於儒醫文化現象背景下的朱熹，對於當時候重要醫學典籍《脈經》、《難經》、《內經》（《素問》、《靈樞》）等皆有所涉獵，並曾為郭雍〈傷寒補亡論〉作跋。

為了對朱熹所接觸的醫書有初步瞭解，此處將說明《脈經》、《難經》之性質，及其為《傷寒補亡論》作跋之況；至於《內經》部分，乃本論文討論重點，故而另闢章節處理。

《脈經》，魏晉時期王叔和撰，繼承了《難經》「寸口診脈法」，此法為後世醫家所遵循。朱熹接觸察脈之學，當於淳熙六年南康任上，結識熟諳醫術、精通《脈經》的道士崔嘉彥，年屆半百的朱熹，對此機緣甚是珍惜。《脈經》

　　既是承《難經》而來，則《難經》所論爲何，特別引人注目。蓋《難經》一書，《漢書・藝文志》並無著錄，最早提到此書者，首推東漢張仲景《傷寒論自序》，文中有《素問》、《九卷》、《八十一難》的提法，《八十一難》即所謂《難經》。

　　《難經》，相當特別的名稱。對於《難經》名稱的理解，歷來也存在著兩種不同解讀：或以其內容深奧難懂，或謂交相問難之意。持平而論，《難經》全書乃以闡發《內經》爲主，採問答體方式，輯爲八十一難，故而《難經》的「難」字，作「問難」解較爲合宜。

　　值得一提的是，宋代龐安時便是研究《難經》起家。龐安時（1042～1099），字安常，爲祖傳醫家，習岐黃之道。少時，即攻讀黃帝扁鵲之脈書；後因病喪失聽覺，更銳意研讀《素問》、《靈樞》等書，通曉醫理。最爲後人所熟知的，便是其與蘇軾的交往。元豐五年（1082）暮春三月七日，蘇軾往沙湖相田，途中遇雨，而有〈定風波〉一作，〔註4〕當時，湖北名醫龐安常便是同行之人。又，蘇軾染「臂腫病」，龐安常曾施以針術，解其痛楚。此一例，可概見儒醫交往的密切。

　　得朱熹爲之題跋的郭雍（1091～1187），字子和，賜號沖晦處士，河南洛陽人。自幼體弱多病，乃喜醫術，得太醫常穎士傳授，精於臨證，熟諳岐黃之道。廣採《素問》、《難經》、《千金要方》等方論，以補張仲景《傷寒雜病論》之闕，編有《傷寒補亡論》一書，朱熹對他多所讚譽。慶元元年，朱熹〈跋郭長陽醫書〉中也曾提及郭雍醫說，其云：

> 紹熙甲寅夏，予赴長沙，道過新喻，謁見故煥章學士謝公昌國於其家。公爲留飲，語及長陽沖晦郭公先生言行甚悉。因出醫書、曆書數帙曰：「此先生所著也。」……抑予嘗謂古人之於脈，其察之固非一道，然今世通行，唯寸關尺之法爲最要。且其說具於《難經》之首篇，則亦非下俚俗說也。故郭公此書備載其語，而並取丁德用密排三指之法以釋之。……然今諸書皆無的然之論，唯《千金》以爲寸口之處其骨自高，而關尺皆由是而卻取焉，……（《朱熹集》卷八

〔註4〕蘇軾〈定風波〉三月七日，沙湖道中遇雨，雨具先去，同行皆狼狽，予獨不覺。已而遂晴，故作此。「莫聽穿林打葉聲，何妨吟嘯且徐行。竹杖芒鞋輕勝馬，誰怕？一蓑煙雨任平生。　料峭春風吹酒醒，微冷，山頭斜照卻相迎。回首向來蕭瑟處，歸去，也無風雨也無晴。」

十三，頁 4297～4298）

慶元元年，已是朱熹生命垂暮之際，其於郭雍之說的用心，更可見廣泛涉獵醫說的濃厚興趣。

明白朱熹對於《脈經》、《難經》的涉獵，及其曾爲《傷寒補亡論》作跋，便可知博通經史的朱熹，實亦接觸醫家典籍，且每每提出一己之見。關於學者們所關注的《內經》成書年代問題，他在〈古史餘論〉中提出一己之見：

> 《黃帝紀》云，其師岐伯明於方，世之言醫者宗焉。然黃帝之書戰國之間猶存，其言與《老子》相出入，以無爲宗。其設於世者與時俯仰，皆其見於外者也。予謂此言尤害於理。竊意黃帝聰明神聖得之於天，其於天下之理無所不知，天下之事無所不能。上而天地陰陽、造化發育之原，下而保神練氣、愈疾引年之術，以至其間庶物萬事之理，巨細精粗，莫不洞然於胸次，是以其言有及之者。而世之言此者因自託焉，以信其說於後世。（《朱熹集》卷七十二，頁 3797）

接著又說：

> 至於戰國之時，方術之士遂筆之於書，以相傳授。如《列子》所引與夫《素問》、《握奇》之屬，蓋必有粗得其遺言之彷彿者，如許行所道神農之言耳。……今蘇子乃獨指其與老子相出入者爲黃帝之本眞，而其前所敍載製作征誅、開物成務之大法，下至醫方灸刺之屬，皆以爲設於世、見於外而與時俯仰者，則是聖人之內外心跡判然兩途，而其文章事業之見於世者，皆不出於其中心之實然矣，而可乎哉？（同上，頁 3797～3798）

關於《內經》成書的年代問題，朱熹認爲當於戰國時期。

理學巨擘朱熹，以其博文約禮的功夫，用於爲醫家研究《內經》與《傷寒論》，裨益醫界良多。關於博文約禮之說，朱熹曾談到：

> 博文約禮，聖門之要法。博文所以驗諸事，約禮所以體諸身。如此用工，則博者可以擇中而居之不偏，約者可以應物而動皆有則。如此，則內外交相助，而博不至於氾濫無歸，約不至於流遁失中矣。（《朱子語類》卷三十三，頁 833）

無論面對哪種經典，博覽乃是最基本之功夫，朱熹也提到：「博文是多聞多見多讀」（同上）。然而，面對眾多資料，如何整合爲有系統之觀念，則需知所約簡。朱熹又說：「博文功夫雖頭項多，然於其中尋將去，自然有個約處。聖

人教人有序,未有不先於博者。」(同上)

朱熹在編纂史書方面,更體現由博返約、綱舉目張之法。其於《資治通鑑綱目》、《八朝名臣言行錄》、《伊洛淵源錄》,更受此方法論之影響。錢穆在《朱子新學案》中說道:

> 薈萃羣言,歸之條貫,敘次明白,多而不雜,要亦足為史籍著作中一規範。後人繼此有作,導源之功,亦何可忽耶?(《朱子新學案》五,《錢賓四先生全集》第十五冊,頁165)

朱熹由博返約,重視綱目分舉的研究方法,為醫家所吸收,運用在研究《內經》與《傷寒論》方面。醫者以《內經》與《傷寒論》原文為綱,歷代各家注解為目,羅縷條列、分門別類,加以歸納整理,使醫書的架構更為井然。〔註5〕

二、醫說對朱熹理學的深化

如果說,朱熹的「天理論是關於宇宙本體的理論,其心性論則是關於天理論如何轉化為人的本質、人格本質的理論,而致知則是講人如何體認天理的理論。」〔註6〕那麼,對於「人」的研究愈加精細,愈有助於心性學說的長足發展。宋代尚醫之風,在這方面確有可供理學家借鑑之處。徐儀明也說:

> 程朱等人正是從宇宙生成問題開始,來構築其理學哲學體系的。運用《內經》中的自然知識來進行哲學探討,恐怕應該說是理學家共同的特點。由於宋代以來醫學的泛化,儒者對人的研究變得更為細緻,使得心性學說得以長足發展。《內經》對人的精神世界的研究十分深刻、獨到和具體,這對如何分疏、體貼諸如明心見性、操存涵養的理學中人來說,無疑更具有重要的借鑑價值。〔註7〕

醫學對於人身心的關注,表現為哲學思考,即中國歷來注重的「形神」問題。形體猶具體可知,相較之下,精神方面則微妙複雜得多。人們好奇的是:精神如何產生?涉及到潛意識問題的「魂魄」之說,又當如何理解?再則,死後是否有所謂「鬼神」的存在?諸如此類,在在吸引著理學家深入探

〔註5〕 《內經》方面有羅天益的《內經類編》、滑壽的《讀素問鈔》、張介賓的《類經》、李中梓的《內經知要》、汪昂的《素問靈樞類纂綱注》、沈又彰的《醫經讀》等等。至於《傷寒論》方面著述更多,不下數十種,此不一一例舉。

〔註6〕 朱漢民:《宋明理學通論——一種文化學的詮釋》,湖南教育出版社,2000年,頁271。

〔註7〕 徐儀明:《性理與岐黃》,頁17。

索生命現象與本質的所在。

　　本段將分成三方面說明：一、精神活動；二、魂魄之說；三、鬼神之說。下文將先說明《內經》獨到而深刻的論述，再指出朱熹的見解。

（一）精神活動

　　《內經》認爲，精神活動產生於五臟。《靈樞·本藏》提到五臟六腑時，曾說：

> 五藏者，所以藏精神、血氣、魂魄者也。六府者，所以化水穀而行津液者也。此人之所以具受于天也，無愚智不肖，無以相倚也。（《靈樞》卷七，頁8）〔註8〕

按《靈樞·本藏》之說，精神與血氣、魂魄並藏於五臟之中。又《靈樞·九鍼論》也提到：「五藏：心藏神，肺藏魄，肝藏魂，脾藏意，腎藏精志也。」（《靈樞》卷十二，頁4）可見《內經》談論精神活動時，主要與人體五臟聯繫在一起，而非只是抽象定義的說明。蓋五臟，乃精神所藏之舍；亦即，五臟是精神產生的物質器官。雖然精神活動既微妙且抽象，然而，藉由五臟與五情的聯繫，人們在認識精神活動時，便有了具體可感的把握。

　　關於精神活動問題，朱熹利用前輩思想家王充、范縝等人談論「形神」問題的思想材料，進而提出自己的看法。《朱子語類》卷三中曾提到：「氣之清者爲氣，濁者爲質。知覺運動，陽之爲也；形體，陰之爲也。」（頁37）精神或意識的「知覺運動」，出於陽氣之所爲，屬「清氣」；相對言之，形體乃陰氣所爲，屬「濁氣」。可知，朱熹談精神活動問題，猶與形體一併觀之。

　　必須說明的是，朱熹雖認爲精神活動、或意識問題乃「氣」之所爲，但此仍無礙於「理」的形上性。當人們質疑精神活動究竟是「心之靈」或「氣之爲」時，朱熹答道：

> 不專是氣，是先有知覺之理。理未知覺，氣聚成形，理與氣合便能知覺。譬如這燭火，是因得這脂膏，便有許多光焰。（《朱子語類》卷五，頁85）

在朱熹的言說體系底下，精神知覺運動，不僅是依賴形體而存在，而且是理氣相合，以成此知覺。

　　如果說，以形體與精神並提，猶屬於《內經》的提法；那麼，認爲精神

〔註8〕本書關於《靈樞》引文，乃據唐·王冰《靈樞經》，臺灣中華書局，1993年。

知覺運動產生於理氣相合，則是朱熹於其思想體系中所作的理解。

（二）魂魄之說

《內經》探討人的精神現象，著實深刻；《靈樞·本神》對於精神意識思維活動的處理，更是細膩。其中有云：

> 故生之來謂之精，兩精相搏謂之神，隨神往來者謂之魂，並精而出入者謂之魄。（《靈樞》卷二，頁8）

該段引文可分為四個方面來談：1、「精」，指先後天之精。人，由先天之精所化生，而必得後天之精的充養，方得以健全平衡。2、《本神》篇中提到，「心藏脈，脈藏神」，「神」作為精神意識，有賴「心」正而後神正；否則，心有偏邪，實可謂「心神不寧」。3、「魂」，隨神往來，是「神」活動的一種方式。張介賓《類經》藏象類卷三有云：「魂之為言，如夢寐恍惚、變幻遊行之境皆是也。」（《四庫全書》第七七六冊，頁 31）離開了「神」的支配，將出現無意識作主的感覺與動作，因此，神能靜定則魂藏，神不安則魂無所藏。4、「魄」，「並精而出入者」。〈本神〉篇中有言：「肺藏氣，氣舍魄」，故而精氣充足，則魄旺。而「魂」與「魄」乃相對而言，則「魂」固為「神」活動的一種方式，「魄」也是「神」活動的另一種方式，只是前者屬陽，後者屬陰。

之所以認為，「魂」、「魄」乃牽涉到精神現象的潛意識方面，主要因為《靈樞·本神》篇於「故生之來謂之精，兩精相搏謂之神，隨神往來謂之魂，並精而出入者謂之魄」之後，緊接著說「所以任物者謂之心，心有所憶謂之意……」云云。可以知道，「魂」、「魄」出現在「心」認識、應接外物之前，故而具有潛在意識或謂先天本能的意涵。

「魂」與「魄」的概念，從春秋到漢代，基本上已探討得相當多。朱熹《楚辭集注》中便提到：

> 或問：魂魄之義？曰：子產有言：「物生始化曰魄，既生魄陽曰魂。」孔子曰：「氣也者，神之盛也。魄也者，鬼之盛也。」鄭氏注曰：「噓吸出入者，氣也。耳目之精明為魄，氣則魂之謂也。」《淮南子》曰：「天氣為魂，地氣為魄。」高誘注曰：「魂，人陽神也。魄，人陰神也。」此數說者，其於魂魄之義詳矣。（《楚辭辯證上·九歌》，《四庫全書》第一○六二冊，頁391）

人的知覺屬「魂」，形體屬「魄」。明此二者之分別後，將進一步析論朱熹對於「魂」、「魄」的見解。

　　基本上，朱熹談「魂」、「魄」，仍是相對言之。他認為，「魂」是精神或意識的活動，「魄」是能思維的器官；「魂」是無形的，「魄」是形體；「魂」是靈，「魄」是感覺器官；「魂」是動的，「魄」是主靜的。

　　值得注意的是，朱熹以「魄」為思維器官，這一點倒是相當特別。只不過，在具體陳述時，卻未能準確地表述出這樣的看法。例如《朱子語類》卷八十七之語：「能聽者便是。如鼻之知臭，舌之知味，皆是。但不可以『知』字為魄。才說知，便是主於心也。」（頁2259～2260）然而，鼻與舌作為感覺器官，固無疑問；但「知臭」與「知味」只能說是鼻與舌的生理功能，卻不能說便是思維。再者，「主於心」的「心」，畢竟也只是思維器官，而不能逕自等同於思維。

　　對於「魂」與「魄」的關係，朱熹曾說道：

> 人生時魂魄相交，死則離而各散去，魂為陽而散上，魄為陰而降下。……凡能記憶，皆魄之所藏受也，至於運用發出來是魂。……能知覺底是魄，然知覺發出來又是魂。雖各自分屬陰陽，然陰陽中又各自有陰陽也。或曰：「大率魄屬形體，魂屬精神。」（《朱子語類》卷八十七，頁2259）

此處有兩點必須說明：1、朱熹認為，「魂」、「魄」是可以分離開來的，這就為「神不滅論」確立言說基礎；2、「魂」與「魄」也是相互交通感應的，「雖各自分屬陰陽，然陰陽中又各自有陰陽也。」二者之所以存在，是以相對的一方為自己存在的前提。就如同沒有「冷」的對照，便顯現不出相對的「熱」來，「冷」與「熱」看似相對立，卻也因此定義了對方的性質。故，朱熹說道：「無魂，則魄不能以自存。」（《朱子語類》卷三，頁41）

　　《內經》認為，「魂」、「魄」出現在「心」認識、應接外物之前，故而具有潛在意識或謂先天本能的意涵。理學家對於《內經》探討精神活動之說，興趣甚濃，其中，尤以朱熹所論甚詳。朱熹認為，相對於「魂」主思維，「魄」則為思維器官，此說就實際生理情況方面，可謂區分得相當細膩；只可惜，情境表述未能全面貫徹，故容易產生詞義模糊、界定不清的情況。

（三）鬼神之說

　　《素問・五藏別論》中，岐伯回答黃帝問：「氣口（按：即兩手腕的寸口脈）何以獨為五藏主？」之後，繼而指出，治療必須取得病人的配合，方能奏效。云：

　　拘於鬼神者，不可與言至德。惡於鍼石者，不可與言至巧。病不許
　　治者，病必不治，治之無功矣。(《素問》卷二，頁 6)〔註9〕

倘若病人出於特定理由，拘泥於鬼神之說，諱疾忌醫，則「不可與言至德」。
「至德」，指極為深奧、玄妙的道理，此處指醫學理論而言。寧投鬼神，不肯
就醫；或即便就醫，卻懷疑醫生，此種心裡將影響治療的功效，故《素問》
云：「治之無功」。

　　《內經》以「氣」之運行理解人的生命，對於鬼神迷信持反對態度，這
種出於理性的科學精神，啓發理學家甚多，其中，張載更是沿著「氣」論建
構其學說體系，他提出的「鬼神者，二氣之良能也」(《張子全書》,《正蒙·
太和》卷二，頁 4)，更是為人熟知之言。

　　張載認為，「鬼神」乃是陰陽二氣運動的不同型態：「物生既盈，氣日反
而遊散。至之謂神，以其伸也；反之為鬼，以其歸也。」(《張子全書》,《正
蒙·動物》卷二，頁 16)對於世俗的鬼神迷信觀念，則於《性理拾遺》強力
詰問道：「今之言鬼神，以其無形則如天地，言其動作則不異於人，豈謂人死
之鬼反能兼天人之能乎？」(《張子全書》，卷十四，頁 1〜2)據此否定世俗鬼
神之說，而指出人的生死乃是「氣化」的過程。

　　二程對於當時宗教鬼神觀，亦持否定態度。《二程粹言》卷一有云：「佛
者之學，本於畏死，故言之不已。」(頁 1171)在他們看來，佛教輪迴之說，
乃出於對死亡的恐懼，為求心安，故而提供現世人們一種心靈的寄託與期待。
此外，對於道教神仙之說，則謂：

　　問神仙之說有諸？曰：不知如何？若說白日飛昇之類則無。若言居
　　山林間，保形鍊氣，以延年益壽則有之，譬如一爐火置之風中則易
　　過，置之密室則難過，有此理也。(《二程遺書》卷十八，頁 10)

二程此言，頗為公允。雖然對白日飛昇之說不表贊同，但，對於放情山林，
保形鍊氣，則肯定其間有道理在。

　　至於朱熹的鬼神之說，大抵可以歸納出幾個言說語境：1、鬼神是實理；
2、鬼神是陰陽之氣；3、鬼神是一切自然現象的總代表；4、鬼神是運動的情
狀；5、鬼神何物不在？何時不有？可以看出，朱熹基本上延續著漢代以來關
於鬼神說的意見，必須說明的是，認為鬼神是「實理」，則出自於朱熹本身學

〔註9〕本書關於《素問》引文，乃據明·張隱庵、馬元臺《黃帝內經素問合纂》，老
　　　　古文化事業公司，1981 年。

說理論體系的需要而置。

　　在朱熹的學說中，「鬼神」、「魂魄」與「形神」的探討，是作為一組相聯繫觀念來談。「鬼神」有其功用，亦有其妙用。其功用表現在自然現象的屈伸、往來、消長方面，且具有形跡可以把握。《朱子語類》卷六十八有云：「以功用謂之鬼神，此以氣之屈伸往來言也。」且「鬼神是有一個漸次形跡。」（頁1685）至於其妙用方面，則類似其談「神」之論，他說：「以妙用謂之神，是忽然如此，皆不可測，忽然而來，忽然而去，忽然在這裡，忽然在那裡。」（同上）

　　仔細說來，鬼神之所以有屈伸往來之功用，以及不可測知的妙用，當出於二者特殊關係使然。《朱子語類》卷三曾記載道：

　　　　問：「先生說鬼神自有界分，如何？曰：『如日為神，夜為鬼；生為神，死為鬼，豈不是界分。』」（頁34）

日與夜、生與死，都是互相對待的一方；鬼與神，同樣也存在著互相對待的關係。對此，朱熹又闡釋：

　　　　伸是神，屈是鬼否？先生以手圈桌上而直指其中，曰：這道理圓，只就中分別恁地，氣之方來皆屬陽，是神；氣之反皆屬陰，是鬼。日自午以前是神，午以後是鬼。（《朱子語類》卷六十三，頁1550）

除此相對待關係，也必須注意到二者間的交感滲透。朱熹指出：

　　　　以一氣言，則方伸之氣亦有伸有屈，其方伸者神之神，其既屈者神之鬼；既屈之氣，亦有屈有伸，其既屈者鬼之鬼，其來格者鬼之神。天地人物皆然，不離此氣之往來屈伸合散而已，此所謂可錯綜言者也。（頁1549）

誠如朱熹於他處所言：「雖說無獨必有對，然獨之中又自有對。」（《朱子語類》卷九十五，頁2435）表現在「鬼神」之說上，則「鬼」、「神」有屈有伸，顯其功用；屈伸當中，又交互形成「伸之伸」、「伸之屈」、「屈之屈」、「屈之伸」等等離合聚散，這便體現其既對待又統一的關係。就此觀之，朱熹確實較其他理學家更為細膩地區分。

第三章　朱熹與內丹思想

　　本文對於「醫」的定義，採取廣義之說，將養生學納入討論範圍中，此於「緒論」中已有述及。必須說明的是，此處的「道」乃指道教而言。內丹學的產生，乃兩宋道教一大特色，此種異於外丹服食丹藥的轉變，著實爲道教注入一股新氣象——重視生理意義的生命存在之際，同時也追求精神層次的昇華。就同時代思潮而言，道教內丹學不僅與醫家有所關涉，亦與思想家探討心性問題密切相關，因此特立本章以爲言說。

　　本章以「朱熹與內丹思想」爲題進行探討，首先探討宋代丹道之風，藉以把握內丹道作爲一種文化型態，何以蔚爲風尙，並於修身養性方面，具何重要意義。其次，探討朱熹的慕道情懷。

第一節　宋代丹道之風

　　本節以「宋代丹道之風」爲題，將分成兩方面探討：一、宋代道教之風；二、宋代道教內丹學理論。

一、宋代道教之風

　　大抵說來，北宋時期的君主多熱中於道教之說；至南宋時僅留下了例行性的儀式，而道教則基本上流傳於民間。值得注意的是，道教本身內部型態的轉變，吸引了更多士大夫的目光，一種更爲理性的思潮，逐漸在社會中蔓延開來。以下，便從「朝野上下的態度」與「士大夫的態度」兩部分談起。

（一）朝野上下的態度

　　宋朝稱得上是一個崇道的社會，不少君主熱中於道教之說，其中，徽宗

政和年間，編成《政和萬壽道藏》一部，計有道教典籍百四十函，五千四百八十一卷，為我國第一部全部付刊之《道藏》，更見北宋君主對於道教的重視。

時至南宋，由於北方落入金人手中，大量宮觀因戰亂而毀損甚鉅；偏安南方的朝廷，也鑑於北宋諸帝崇道教訓，並未大力提倡道教，然國力羸弱，內憂外患不斷，南宋君主乃不得不上承前制、下應民情，保留特定民間信仰，以收安撫民心、穩定大局之效。雖不若北宋帝王之熱中，然而，南宋諸帝對道教仍有著某種程度的信仰。茲以高、孝、光、寧四帝為說。

高宗朝，西蜀峨嵋山道士皇甫坦，工於醫道、善觀相，曾為太后療治眼疾，深得高宗器重，遂派之前往青城山丈人觀掌觀務，賜紫衣絲履，御書《黃庭》、《陰符》、《道德》三經。

在宮觀方面，南宋京師御前置有所謂九大宮觀：東太一宮、西太一宮、佑聖觀、顯應觀、四聖延祥觀、三茅寧壽觀、開元宮、龍翔宮、宗陽宮，觀中道士主要為皇室齋醮祭祀之事而服務。據《宋史》本紀所載，孝宗皇帝在位時，曾多次行幸四聖觀、佑聖觀，且頗信道教祈禱之術，並於乾道四年（1168），御敕班祈雨雪之法於諸路。

孝宗朝，頒賜《道藏》，乃道教界一大盛事。淳熙二年（1175），太一宮抄錄福建送來的《政和萬壽道藏》，錄有一藏；而後，孝宗皇帝御書《瓊章寶藏》，並令抄寫數藏，以分送各道觀。

值得注意的是，南宋時期，帝王后妃常至各地道教名觀行幸。杭州附近的洞霄宮，便曾得高、孝、光、寧四帝垂青。乾道二年（1166），已退位的高宗，仍數度行幸於此；淳熙六年（1179），孝宗皇帝御賜《道藏》（即《瓊章寶藏》）與洞霄宮；光宗朝，賜「怡然」二字匾額與該宮道士俞延禧；寧宗朝，亦有賜匾之舉。

除了在位者以具體行動表示崇道之舉，道教（尤其是道教內丹學）更是普遍流行於民間，甚而文人雅士亦不乏熟諳內丹之道者。對此情況，任繼愈曾描述道：

> 內丹以人身精氣神為「藥物」，聲稱不論貴賤男女，得訣即可修煉成仙，不像外丹僅為官紳豪貴的專利品。兩宋內丹修煉者既有陳摶、張無夢、藍元道、張繼先、王老志、曹文逸等名道士，有王溥、晁迥、張中孚、李觀、曹國舅等名公巨卿，有种放、李之才等隱士名儒，有張伯端、夏宗禹等幕僚，也有市井百工之流如縫紉為業的石

泰、箍桶盤櫳爲業的陳楠、滌器爲業的郭上灶等勞動人民，乃至乞丐、妓女、和尚，無所不有，可謂遍於社會各階層，而尤以退出官場及仕途失意的知識份子如劉海蟾、陳摶、張伯端、白玉蟾等爲骨幹。內丹的盛行，使傳統的丹鼎道教改變了其貴族專利品的性質，成爲社會各階層人士可以普遍接受的東西。〔註1〕

相較於外丹爲富豪之家的奢侈品，內丹能深入社會各階層，很重要一個原因在於：內丹不假外求！

　　道教之風影響兩宋朝野甚鉅，緊接著，將針對士大夫的態度作進一步的析述。

（二）士大夫的態度

　　產生於中國本土的道教，究其來源，其實相當龐雜。既有發展自巫覡的儀式方法，也有從中國傳統醫學發展出來的養生之術；既吸取了中國傳統思想的觀念理論，卻又自行發展出一套神仙譜系。然而，整體說來，自唐宋以降，道教發展有了更爲理性的成分，對此，葛兆光說道：

　　唐宋以來，士大夫階層中一種更爲理性的思潮在崛起，從儒道佛三大學說中重視心性修養，主張向內發掘人的自覺理性的成分衍生出來的理學、禪宗與道教內丹說，更促進了這一思潮的迅速瀰漫。處在這種思潮之中的士大夫們，對迷狂的宗教情緒、虔誠的偶像崇拜、粗陋的巫儀方術越來越表現出了一種厭惡與鄙夷，卻對於道教中所蘊含的人生哲理與生活情趣，即清靜虛明的心理狀態、健康長壽的生理狀態及怡然自樂的生活狀態越來越發生了濃厚的興趣。〔註2〕

健康長壽的生理狀態、清淨虛明的心理狀態，以及怡然自樂的生活狀態，在變數紛呈的時局裡，實爲士大夫們衷心期盼之生活樣貌。此處以南渡洛學宗師楊時與南宋愛國詩人陸游爲例，一探理學家與文學家研道的普遍情形。

1. 楊　時

　　楊時（1053～1135），南劍州將樂（今福建）人。晚年隱居於龜山，人稱「龜山先生」，乃程門高徒之一。楊時享有高壽，趙宋偏安後，於南宋時期生活近十年時間。

〔註1〕任繼愈主編：《中國道教史》，上海人民出版社，1997年，頁503。
〔註2〕葛兆光：《道教與中國文化》，東華書局，1989年，頁306～307。

對於知名的道教聖地，楊時有機會便造訪觀察。武夷山脈的玉華洞，留有許多道教遺跡，楊時自不會錯過此地緣之便。他曾在遊覽玉華洞後，寫下自己的心得：

> 蒼藤秀木繞空庭，疊石層巒擁畫屏。混沌鑿開幽竅遠，巨靈分破兩峰青。雲藏野色春長在，風入衣襟酒易醒。采玉遺蹤無處問，擬投簪紱學仙經。（《楊龜山先生全集》卷四十一，頁 1485）

「巨靈」之說，似已成了中國古代說解山川地理的一種神話性解釋，〔註3〕楊時於此亦化用此典故入詩。值得注意的是，末句「擬投簪紱學仙經」，實點明了他的慕道情懷。

隨著遍遊道教名勝，楊時也留意道教洞天福地之貌，以爲錘鍊藝術形象之用。楊時曾賦詩云：

> 荊吳相望各天涯，千里柴車鹿自隨。解繂定應春盡日，及歸宜待鶴來時。聖賢莫付樽中漾，日月長爲物外遲。（同上，頁 1498～1499）

此詩乃楊時爲王充道遊道教名山──茅山之作。據傳，每年八月十七日，茅山山峰將有白鶴雲集，楊時認爲，屆時，王充道當可乘機而返。在道徒眼中，鶴乃吉祥、長壽之象徵，楊時將其化入詩句，錘鍊爲文學意象，則帶有期待長壽的信息於其間。健康長壽的生理狀態、清淨虛明的心理狀態、以及怡然自得的生活狀態，實爲耄耋長者最殷實的期盼。

2. 陸　游

陸游（1125～1210），越州山陰（今浙江紹興）人。早時爲秦檜所嫉，長才無所發揮；孝宗朝，方授命爲樞密院編修。爾後，長期的地方官生涯，使得他得以接觸到各式各樣的人物，遊覽名山大澤，而「入蜀」一事，更加深其與道教的淵源。

陸游在入蜀之後，特別遊歷青城山附近的道教名勝，並留下不少吟詠道教聖跡之作，其賦詩云：

> 斷香浮月磬聲殘，木影如龍布石壇。偶駕青鸞塵世窄，閑吹玉笛洞天寒。奇香滿院晨炊藥，異氣穿巖夜浴丹。卻笑飛仙未忘俗，金貂

〔註3〕晉代干寶《搜神記》卷十三：「二華之山，本一山也。當河，河水過之而曲行。河神巨靈，以手擘開其上，以足蹈離其下，中分爲兩，以利河流。今觀手迹於華嶽上，指掌之形具在。腳迹在首陽山下，至今猶存。」（《四庫全書》第一〇四二冊，頁 429）

猶著侍中冠。(《劍南詩稾》卷六,〈題丈人觀道院壁〉,頁94)

丈人觀,乃青城山著名道觀。此詩題於該觀之壁,順理成章,便會提到當年黃帝策封寧封子為五岳丈人、並尊其為師一事,故有「石壇」之語;另外,孫太谷所繪范長生整理貂冠之壁畫,亦化入詩句當中,而為「卻笑飛仙未忘俗,金貂猶著侍中官」。縱覽全詩,無不氳氤著道教神仙氣息。

其次,陸游亦頗好研讀道書,其云:

莫笑新霜點鬢鬚,老來卻得少工夫。晨占上古連山易,夜對西真五嶽圖。叔夜曾聞高士嘯,孔賓豈待異人呼?眉間喜色誰知得,今日新添火四銖。

雪霽茆堂鐘磬清,晨齋枸杞一杯羹。隱書不厭千回讀,大藥何時九轉成?孤坐月魂寒徹骨,安眠龜息浩無聲。剩分松屑為山信,明日青城有使行。(《劍南詩稾》卷二,〈玉笈齋書事〉,頁112)

「晨占上古連山易,夜對西真五嶽圖」。「五嶽圖」,即「五嶽真形圖」,乃道圖的一種。陸游對於《易》理、道教書籍「不厭千回讀」,且問「大藥何時九轉成」?「九轉」,乃丹家煉養所謂「九轉還丹」之說。可以知道,陸游對於涉獵道書的濃厚興趣。其於〈跋高象先金丹歌〉、〈跋天隱子〉、〈跋老子道德古文〉等等,亦足以顯示,陸游不僅為之題跋,且曾研讀過相關作品,方有此深刻認識。

因誦讀道經而得心靜氣朗,也因看清事理,回首過往,陸游不禁牽動起潛藏深處的慨嘆:

身是秋風一斷蓬,何曾住處限西東?棋枰窗下時聞電,丹灶巖間夜吐虹。采藥不辭千里去,釣魚曾破十年功。白頭始悟頤生妙,盡在黃庭兩卷中。(《劍南詩稾》卷五十六,〈道室雜詠〉,頁799)

詩人之心,畢竟是易感的。在時間面前,再平靜的心湖,似乎都無可避免地泛起漣漪。想起曾經漂泊不定的生活,宛若秋風颯颯中飄飛的無根斷蓬,到頭來,才赫然發現:「頤生」之妙,盡在兩卷《黃庭經》當中。陸游看重《黃庭經》,的確是慧眼卓見![註4]

〔註4〕盧國龍《道教哲學》一書,曾經針對《參同契》與《黃庭經》略作比較,得出這樣的意見:「就《參同契》與《黃庭經》比較而言,我們可以理解還丹之理,但不能悉知具體的操作方法。而《黃庭經》則可謂術顯而道隱,對於內修方術言之頗詳,理旨則相對不足。另外,《參同契》雖成書於漢末,但在魏晉南北朝時卻處於沈寂狀態,未受重視,而《黃庭經》卻是此一時期奉道者

　　遊歷道觀，熟讀道經的陸游，也未錯過煉氣養生的修道體驗。他對於內
丹煉養功夫，亦有所接觸，詩云：

> 氣住即存神，心安自保身，誰歟二豎子，卓爾一真人。
>
> 氣泝如潮上，津流若酒醇。幽居幸無事，莫玩物華新。
>
> （《劍南詩稾》卷八十四，〈宴坐〉，頁 1146）

此詩據「養氣」而言，並強調「心安」之重要。陸游藉文學之筆，將不易形
諸文字的內丹煉養過程，形象地展現為「氣泝如潮上，津流若酒醇」之句，
倘非有此修道經驗，加以豐厚文字駕馭能力，實難為之。

　　陸游與朱熹相善，於造詣上各擅勝場的兩人，都曾遊歷道教聖跡、熟讀
道經，也曾有過煉養體驗，這一點是相當值得注意的。

　　自來「學而優則仕」乃士大夫第一選擇。通過仕進之路，不僅得以光宗
耀祖，使個體生命在社會中顯現價值；更重要的，是得以運用更多資源，服
務百姓。然則，生命有限！能否在有限的生命歷程中，充分地發揮所長，誠
屬未知；而登進仕途，能否不違初衷地施展抱負、造福生民，尚有不確定因
素。因此，士大夫心中常存在著矛盾衝突，時而有入世的想法，讓他們希望
「致君堯舜上，再使風俗淳」，即便時局不可為，猶「知其不可而為之」；但
時而又不免有出世的想法，讓他們希望隱處山林，撫琴植竹，排遣煩憂，復
歸自我，覓得一份閒適自在。

　　唐宋以降，向老莊復歸，與禪宗合流，強調守靜、煉氣、養性，逐漸成
為道教的主要流派，堪為平居時恬淡清雅的生活方式，亦可作精神空虛時的
寄栖之所。《定真玉籙經》曾具體地說明了內在心境與外在生活情趣的關係：

> 治心之要，在乎慙愧，動心舉體，轉體安身，常懷慙愧，不忘須臾，
> 心神乃定，定則入道。……其狀在外：……慎言語，懼愆尤也；節
> 飲食，慮貪饕也；衣麤而淨，在素潔也；居陋而隱，守靜篤也；恭
> 敬一切，避陵辱也；不敢為先，免嫉謗也；始終貞信，潛化導也；
> 進止和光，密行教也；挫銳解紛，明道有時也；出處變化，見神應
> 之速也。（《洞真太上上皇民籍定真玉籙》第一～第三，收錄於《正
> 統道藏》第五十五冊，頁 45092～45093）

普遍誦讀的道經，尤其受到上清派的推崇，其內修方法也流傳甚廣。這種重
術特點和廣泛流傳所產生的實際影響，使《黃庭經》成為開啓內丹修煉之法
門的另一種門徑。」（盧國龍：《道教哲學》，華夏出版社，1997 年，頁 513）

心靜神定，淡泊清明，行諸於外，則表現為：言語謹慎、飲食有度、衣著樸素、知止進退等外在生活方式。當士大夫們為世俗紛擾所苦之際，道教這種自然恬淡、簡約寡欲的生活情趣，與焚香讀經、坐誦《黃庭》的燕居生活，自為士大夫們所嚮往。

二、宋代道教內丹學

　　服食丹藥，經過數百年的人體試驗，非但未能保證羽化登仙；時至唐朝，服藥致命消息更是不絕於耳。至此，道教若不思因應之道，恐將面臨空前的信仰危機。內丹煉養之說，便是在此背景下應運而生，以深具哲學理論之姿，躍然成為道教煉養主流。

　　然而，何謂「道教內丹學」？盧國龍概括說道：

> 所謂內丹道者，乃以系統理論推證內修可以成仙，修煉中受理論思辯之引導，而以真陰真陽或先天精氣為本元，並據丹道理論而定修煉之時序。〔註5〕

道教內丹學之所以能夠逐步取代外丹說，主要在於兼顧「道」與「術」兩部分，在操作層面上，更尋求豐厚的理論基礎，以期在「合理性」方面，肯定內修足以成仙之說。

　　隨著道教內丹說理論層次的提升，不但化解了外丹服食所引發的信仰危機，更吸引了許多文人儒者的關注，尤其兩宋時期，內丹學更遍及文人儒士生活圈，舉凡种放、穆修、李之才、周敦頤、邵雍、晁迥、蘇軾、朱熹等人，都曾對內丹學下過功夫。

　　集理學大成之朱熹，與蔡元定相善。紹熙四年，蔡氏出遊天下名川大山，朱熹特意囑其入蜀，至道士高人出沒的青城山，訪求秘傳易圖。任繼愈主編之《中國道教史》認為：「蔡元定所得象數學三圖，溯其淵源亦出自內丹學。」茲引其論證理由如下：

> 元人袁桷《清容居士集·易三圖序》謂朱熹曾命蔡元定入峽，訪得象數學秘傳三圖，其後上饒謝枋得遁於建安，鄱陽吳蟾往受《易》，出其圖，曰：「建安之學為彭翁，彭翁之傳為武夷君，……季通（蔡元定）家武夷，今彭翁所圖疑出蔡氏。」此彭翁疑即彭耜，武夷君疑即號武夷翁的白玉蟾。謝枋得被元兵拘繫後數十日不食而氣色益

〔註 5〕盧國龍：《道教哲學》，頁 511。

佳，很可能是白玉蟾一系內丹的實踐者。蔡元定所得象數學三圖，

溯其淵源亦出自內丹學。〔註6〕

綜上所述，可以發現：兩宋道教由於內丹學的發展，逐漸與社會產生新的互動關係。如果說昔日道教是以宮觀、教團等方式，相對獨立於社會上；那麼，兩宋內丹學改變了道教既有修持方式，撥去神秘道術外衣，以一種文化型態之姿，更廣泛地深入人群。「術」的操持，予人們養護生命可循之跡；「道」的理論拓展，吸引文人學理探求之趣，尤其丹道與易理的內在聯繫，更爲普遍熟諳《易》說的理學家們所關注。

值得注意的是，在道教經典方面，六朝時期以實際操作之術見長的《黃庭經》，至此，也逐漸讓位於以理論擅場、沈寂數百年之久的《周易參同契》。這並不意味著，《黃庭經》就此失去其傳播性，而是《周易參同契》的理論價值，在兩宋時期有了新的探討。對此，盧國龍指出：

> 在唐五代人研述的基礎上，兩宋丹家進而推其本源於《周易》。……如果說葛洪對《參同契》的理解是重在「作丹」，忽視了它與《易》理的內在聯繫，那麼，兩宋丹家的理解則正好相反，重視的是《參同契》中所包含的《易》理。將《參同契》的還丹之理推源於《周易》，表面上看起來似乎只是指陳其淵源所自，亦或有藉附於權威經典以推尊《參同契》之用意，但是，《周易》經傳畢竟與丹術無關，如兩宋丹家這般強調二者的源流關係，所凸現出來的豈非只是丹理而已？事實上，兩宋丹家純以內丹法解讀《參同契》，所可取資者也只有丹理而已，若以丹術循章逐句地校核之，則其中不免有許多扞格難通之處。而這一點，也許正是兩宋丹家比唐五代丹家更重視《參同契》與《周易》的聯繫、更凸現其丹理的重要原因。〔註7〕

盧氏此語，指出兩個重點：1、在唐、五代人研述基礎上，兩宋丹家更著眼於《參同契》與《易》理的內在聯繫；2、以實際丹術應證《參同契》之說，扞格之處，猶須依賴學理指導，以解困惑。兩宋讀經風氣之盛，哲理思辯之細膩，影響所及，使丹家將丹理與《易》理相互聯繫，從理論層面處理丹術所遭遇的困境，實爲道教煉養之學另闢出路。

內修與外煉丹藥，看似二事，實則堪爲丹道的兩個註腳。《參同契》之所以

〔註6〕 任繼愈主編：《中國道教史》，頁523。
〔註7〕 盧國龍：《道教哲學》，頁546。

受到關注，並非創造別出心裁的煉養秘術，而在於援引漢《易》之道，運用《易》學基本運思方式，據以推闡還丹之理，使得丹術在理論層次上得以提升。

　　仔細思量，生命若只是生理意義的存在，那麼，一呼一吸之間，同時失去了存在價值。同樣的，長生成仙，若只是身心現況的無止盡重複，即便得以永生，又有何義？唐宋內丹心性學，一方面關注養生方術，另方面追求精神昇華，實非賣弄雕蟲小技者所能比擬。

　　以《參同契》爲基本理論的內丹之學，又怎會與心性問題牽扯在一起？內丹家在《青華秘文》中，對於儒家心性學，如此說道：

　　　孔子所謂：「非禮勿視，非禮勿言，非禮勿聽，非禮勿動。」便是眞道。（《道藏輯要》第十四冊，頁6038）

儒家心性學的外在表現，乃是以「禮」（即文明規範）爲核心。如何將外在文明規範「內化」爲人的自覺觀念，認同並契合之，此誠儒家心性學所要解決的問題。《青華秘文》對於內丹心性學則謂：

　　　修丹之士，以眞心并爲妄心，混然返其初而原其始，卻就無妄心中生一眞心，始有爲而終則至於無爲也。（《道藏輯要》第十四冊，頁6038）

內丹心性學著眼於個體生命的昇華。其以儒家忠恕慈順、恤恭靜謹之「眞心」爲「妄心」，認爲掃落文明沾染，方得以反璞歸眞，復歸大化自然原初狀態。內丹心性學所要解決的問題，便是：如何於個體生命中，體證大化自然陶鑄的性命本眞。

　　將認識所得之造化原理，內化爲心靈體驗活動；藉由反思性命本元，契合造化之理、生成之意，丹家堅信：當人與天地造化契合之際，便能超越種種現實生命的侷限，達到生命與生命意識的同時昇華，感受到所謂「天人合一」境界。《道藏》映字號無名氏《周易參同契注》說：

　　　修煉之士，惟能順天地之常經以行之，則精神無不宣耀，神化流通。欲其不和平也，不可得已。陰陽家推以爲曆，以授民時，而萬事不易。黃老引之以養性，故知吾身之寶所蓄爲至厚，所生爲無窮。於其華葉果實之成熟者，象物之歸根返元，抱一而行，未嘗或舍。（《正統道藏》第三十三冊，頁26768）

　　　如是則吾身非人也，天也。以吾身之天而契乎上天之天，其氣數之推移一與天同，以之修身則能窮神知化，德之盛也。……天也，仁

也，一也。合而言之，道也。（《正統道藏》第三十三冊，頁 26771
～26772）

修養性命，以契合天道，與自然造化同其生命步調，此乃一種境界體驗。這
種境界，雖非現實存在上的真實，但對於修煉者而言，卻具有體驗意義上的
真實！

　　總的來說，道教在兩宋時期，由於內丹之學的盛行，廣泛地深入社會人
群，免去一場信仰危機。就連排斥道教科儀、迷信色彩的文人雅士，也因為
內丹學中的理性成分，而接觸道教、研讀道經、甚至親身試煉修道體驗。對
此現象，葛兆光說道：

> 只是當我們細細辨析的時候，我們才能剔現出這樣一個結論，即道教
> 的色彩，更多地表現在──「它不僅僅與儒、老、佛、禪一樣關心
> 生活情趣與心理境界，而且還關心如何通過這種生活情趣和心理境界
> 去求得一種神清氣朗、健康長壽的生理狀態。」也正是由於道教的影
> 響，中國士大夫才在生活情趣、心理性格與外在養生等三方面都呈現
> 出了恬淡閒適、清淨寡欲、隨遇而安、內向克制的特色。〔註8〕

誠如葛兆光所言，神清氣朗、健康長壽的生理狀態，清淨虛明的心理狀態，
以及自然恬淡的生活情趣，唐宋以來，已逐漸形成道教的發展主流，也是士
大夫們傾心嚮往的追求目標。

第二節　朱熹慕道情懷

一、結交方外高士

　　足履道教聖跡，結交方外之士，心繫蒼生之情。如同許多接觸道教的文
人雅士，朱熹也曾在許多山水勝地留下足跡，其中，有不少地方便是道教的
「洞天福地」。

　　武夷山，道徒所謂「升真元化洞天」或「第十六洞天」，曾為金丹派重要
據點所在。從浙東歸來，蟄伏武夷的朱夫子，便在此山林泉水間，同大自然
對話，同命運多舛的詩人們對話，也同自己內心深處對話。這其間，詩人陸
游曾與朱熹書信往來，並賦詩贈朱熹：

〔註 8〕葛兆光：《道教與中國文化》，頁520～521。

先生結屋綠巖邊，讀易懸知屢絕編。不用采芝驚世俗，恐人謗道是
神仙。

蟬蛻巖間果是無，世人妄想可憐渠。有方爲子換凡骨，來讀晦菴新
著書。

身閒剩覺溪山好，心靜尤知日月長。天下蒼生未蘇息，憂公遂與世
相忘。

齊民本自樂衡門，水旱哪知不自存。聖主憂勤常旰食，煩公一一報
曾孫。

山如嵩少三十六，水似邛崍九折途。我老正須閒處看，白雲一半肯
分無。（《劍南詩稾》卷十五，〈寄題朱元晦武夷精舍五首〉，頁262）

世人以可憐眼光視之，誠然難受，但在可以自主的情況下，卻毋須讓自己活
得一副可憐樣。放翁「憂公遂與世相忘」，顯然是多慮了！倘若塵世蒼生眞那
麼容易放得下，朱熹〈感春賦〉中也不會難掩「孰知吾心之永傷」了。

　　朱熹在此洞天福地的武夷山脈中，原先憂國憂民、性理玄思的剛強冷靜，
卻逐漸透露出另一種清幽空靈的氣息，其詩云：

屹然天一柱，雄鎮斡維東。祇說乾坤大，誰知立極功？（〈天柱峰〉）

絕壁上千尋，隱約巖栖處。笙鶴去不還，人間自今古。（〈洞天〉）

誰寫青田質，高超雁鶩群？長疑風月夜，清唳九霄聞。（〈畫鶴〉）

面勢來空翠，哦詩獨好仁。懷人今已矣，誰遣棟梁新。（〈仰高堂〉）

危亭久已傾，祇有頹基在。何事往來人，不知容鬢改？（〈趨眞亭〉）

藏室岌相望，塵編何莽鹵。欲問伯陽翁，風煙迷處所。（〈大小藏巖〉）

仙人推卦節，煉火守金丹。一上煙霄路，千年亦不還。（〈丹灶〉）

（《朱熹集》卷六，〈武夷七詠〉，頁303～304）

尤其〈丹灶〉這首，則是有感於煉丹之事而發。詩中「推」卦節、「守」金丹，
用字精確！「推」字，表現了煉丹者仔細推算、拿捏之功；「守」字，則描繪
出煉丹者無懼艱難、堅定信念的毅力與恆心。若眞能服食金丹大藥，便可以
「一上煙霄路，千年亦不還」。

　　除了武夷山，不遠處的另一座道教名山——盧山，亦是朱熹多次造訪之
地。他曾賦詩云：

高士昔遺世，築室蒼崖陰。朝眞石壇峻，煉藥古井深。

結交五柳翁，屢賞無絃琴。相攜白蓮渚，一笑傾夙心。

晚歲更市朝，故山鎖雲岑。柴車竟不返，鸞鶴空遺音。

我來千載餘，舊事不可尋。四顧但絕壁，苦竹寒蕭槮。

（《朱熹集》卷七，〈簡寂觀〉，頁335）

簡寂觀，得名於南朝宋道士陸修靜（簡寂先生），其所居之觀，名曰「簡寂觀」。
詩中高士，便是指陸修靜而言。陸氏遺世而居，煉養丹藥，撫琴植竹，怡然
自得；豈料，晚年奉旨出仕，徒留雲岑鎖空山，再不見回返。

　　朱熹除了考察道教聖跡，也與道徒眞誠往來。淳熙六年（1179），朱熹五
十歲，於南康結識道士崔嘉彥。據〈西原菴記〉所載：

君名嘉彥，字子虛。少慷慨有奇志。壯歲避地巴東三峽之間，修神
農、老子之術。東下吳越，以耕戰之策干故相趙忠簡公，趙公是之。
會去相，不果行。君自是絕跡此山，按陳令舉所述圖記，得西原菴
故址于臥龍瀑水之東，築室居焉。耕田種藥，僅足以自給，而四方
往來之士皆取食焉。其疾病老孤無所與歸之人，至者亦收養之。蓋
年逾七十矣，而神明筋力不少衰。予往造之，而君不予避也。（《朱
熹集》卷七十九，頁4093）

精通神農醫術、道教丹法的崔嘉彥，原本有意進取，然時運不濟，自此隱居
山中，耕田種藥，以求自給。朱熹在南康之時，常造訪崔氏，相與談論丹道
醫理，因而獲悉診脈之說與丹家煉養之道。半百之年，得此投緣之交，乃人
生一大樂事！無怪乎，朱熹慷慨解囊，捐出俸錢十萬，囑託崔氏經營臥龍菴，
〈臥龍菴記〉云：

臥龍菴在廬山之陽五乳峰下，予自少讀龜山先生楊公詩，見其記臥
龍劉君隱居辟穀，木食澗飲，蓋已度百歲而神清眼碧，客至輒先知
之，則固已知有是菴矣。去歲蒙恩來此，……余既惜其出於荒煙廢
壞之餘，……時已上章乞解郡紱，乃捐俸錢十萬，屬西蜀隱者崔君
嘉彥因其舊址縛屋數椽，以俟命下而徙居焉。（《朱熹集》卷七十九，
頁4091～4092）

爾後，離任南康之際，朱熹復登廬山，夜宿臥龍菴，崔嘉彥請朱熹爲西原菴
題記，朱熹慨然允諾。〈西原菴記〉云：

予少好佳山水異甚，而自中年以來，即以病衰，不克逞其志于四方。

> 獨聞廬阜之奇秀甲天下，而畸人逸士往往徜徉於其間，意常欲一往
> 遊焉而未暇也。前年蒙恩試郡，適在此山之陽，乃間以公家職事得
> 至其中。……淳熙辛丑閏月之晦，余既罷郡，來宿臥龍。君曰：「臥
> 龍之役，夫子既書之矣，顧西原獨爲有記，復能爲我書之乎。」予
> 曰諾哉，……（《朱熹集》卷七十九，頁 4093～4094）

好遊佳山水，使得朱熹因緣際會地接觸道教洞天福地，進而與隱修高士相善，也是難得的機緣。

與紫虛眞人崔嘉彥的往來，實爲爾後朱熹潛研《周易參同契》預作準備。值得注意的是，除了金鼎丹訣之外，崔嘉彥亦爲道門中熟諳岐黃醫術者，精通《脈經》，著有《脈訣》傳世。《四庫全書總目》卷一〇五，醫家類存目記載：

> 《崔眞人脈訣》一卷，舊本題紫虛眞人撰，東垣老人李杲校評。考
> 紫虛眞人爲宋道士崔嘉彥，陶宗儀《輟耕錄》稱：「宋淳熙中，南康
> 崔紫虛隱君嘉彥，以《難經》於六難專言浮沈，九難專言遲數，故
> 用爲宗，以統七表八裡，而總萬病。」即此書也。宋以來諸家書目
> 不著錄，焦竑《國史經籍志》始載之，《東垣十書》取以冠首，李時
> 珍已附入《瀕湖脈學》中。（頁 2059～2060）

慶元元年，朱熹〈跋郭長陽醫書〉中所提及的察脈之學，顯然得自南康道友——崔嘉彥。其跋言云：

> 抑予嘗謂古人之於脈，其察之固非一道，然今世通行，唯寸關尺之
> 法爲最要。且其說具於《難經》之首篇，則亦非下俚俗說也，故郭
> 公此書備載其語，而并取丁德用密排三指之法以釋之。（《朱熹集》
> 卷八十三，頁 4297～4298）

丁氏以「密排三指」取關尺之位，朱熹認爲，人之指有肥瘠，患者之臂有長短，「密排三指」之法，恐未得以成定論。繼而指出：「獨俗間所傳《脈訣》五七言韻語者，詞最鄙淺，……，乃能直指高骨爲關，而分其前後以爲寸尺陰陽之位，似得《難經》本指。」（同上，頁 4298）總的來說，朱熹與紫虛眞人崔嘉彥交誼匪淺，無論丹經抑或醫術，盡付暢談中。

慶元二年，朱熹六十七歲。已屆花甲之年的朱熹，遭逢慶元黨禁之災，眼看朝政已是無能爲力，便將全副心思轉移至研讀經籍上。《周易參同契》於此時深深吸引著朱熹的目光，閣皂山道士甘叔懷的出現，更似緣會使然，而成爲朱熹晚年相交甚篤的方外道友。慶元三年，甘叔懷由考亭返回閣皂，朱

熹作〈叔懷嘗夢飛仙爲之賦此歸日以呈茂獻侍郎當發一笑〉送之：

> 脫卻儒冠著羽衣，青山綠水浩然歸。看成鼎內眞龍虎，管甚人間閑
> 是非！生羽翼，上煙霏，回頭祇見冢累累。未尋跨鳳吹簫侶，且伴
> 孤雲獨鶴飛。（《朱熹集》卷十，頁435）

「龍虎」乃象徵坎、離，言丹家煉養之事。「人間閑是非」，是管不著，也管不了！然而，得以遇見甘叔懷，昔日深埋心底的高蹈長生之心，似乎又被喚醒。

曾聽甘叔懷提起，其於閣皂山所居精舍處，有石堪刻，朱熹便趁此次甘氏返回閣皂，建議其於磨崖刻上〈河〉、〈洛〉、〈先天〉諸圖。此事，見於〈答蔡季通〉書中有云：

> 前日所說磨崖刻〈河〉、〈洛〉、〈先天〉諸圖，適見甘君說閣皂山中
> 新營精舍處有石如削，似可鐫刻，亦告以一本付之。〈先天〉須刻卦
> 印印之乃佳，但篆隸碑子字畫皆不滿人意，未有可寫之人爲撓耳。
> 令伯謨篆如何？（《朱熹集》續集卷二，頁5173）

人生得一知己則無憾，只可惜知己難尋；倘能遇得欣賞「無弦琴」之知音，則實屬難能，而甘叔懷堪稱朱熹晚年的方外知音。

遊歷洞天福地，道教宮觀，使得朱熹在名山青泉間，結識不少方外之友。除了崔嘉彥、甘叔懷之外，朱熹文集中，直接寫給道士的書信，尚有〈答甘道士〉、〔註9〕〈答陳道士〉〔註10〕等。此外，朱熹對於道教理論亦潛心探討，無怪乎金丹派南宗巨擘白玉蟾會如此推崇朱熹的地位，甚至將其辭世，視若「梁木壞，太山頹」了！

二、醞釀慕道情懷

紹興二十二年，朱熹二十三歲，有〈宿箅篝鋪〉一詩云：「庭陰雙樹合，窗夕孤蟬吟。盤礴解煩鬱，超搖生道心。」（《朱熹集》卷一，頁21）其中「超搖生道心」一語，略可道出朱熹接觸道說的幾個重要轉折時期，茲分述於後。

〔註9〕 〈答甘道士〉：「所云築室藏書，此亦恐枉費心力。不如且學靜坐，閑讀舊書，滌去世俗塵垢之心，始爲眞有所歸宿耳。」（《朱熹集》卷六十三，頁3288）

〔註10〕 〈答陳道士〉：「示及諸賢題詠之富，得以厭觀，欣幸多矣。又聞更欲結茅山顛，巖棲谷飲，以求至約之地，此意尤不可及。但若如此，則詩篇、法籙、聲名、利養一切外慕盡當屏去，乃爲有下手處。又不知眞能辦此否爾。」（《朱熹集》卷六十三，頁3288～3289）

（一）望山懷釋侶，盥手閱仙經

二十歲，對朱熹而言，乃是他前期學問思想的一大轉折期，他曾不止一次提到：

> 某自十五、六歲時至二十歲，史書都不要看……畢竟粗心了。（《朱子語類》卷一〇四，頁 2616）

> 某今且勸諸公屏去外務，趲功夫專一去看這道理。某年二十餘已做這功夫。（同上，頁 2621）

> 某舊讀（《詩經》）「仲氏任只，其心塞淵。終溫且惠，淑慎其身。先君之恩，以勗寡人。既破我斧，又缺我戕。周公東征，四國是皇。哀我人斯，以孔之將。」……如此等處，直爲之廢卷慨想而不能已！覺得朋友間看文字難得這般意思。某二十歲前後，已看得書大意如此。（同上，頁 2613）

> 某從十七、八歲讀《孟子》至二十歲，只逐句去理會，更不通透。二十歲以後，方知不可恁地讀。原來許多長段，都自首尾相照管，脈絡相貫串……從此看《孟子》，覺得意思極通快。（《朱子語類》卷一〇五，頁 2630）

朱熹二十歲之後，由原先的誦記章句轉而爲融通經義，從專注讀經轉而爲博覽經史子集百家之書。登科之後，除卻場屋必讀之書，朱熹得以飽覽昔日錯身而過之經籍，其中《圓覺經》、《楞嚴經》、《壇經》等佛典，以及《道藏》中的道圖、道說，皆於此際吸引年輕朱熹的目光。

紹興二十一年，待次授官期間，朱熹於臨安結識了廬山道士虛谷子劉烈，埋下日後進一步探討《周易參同契》的種子。關於虛谷子，趙道一《歷世真仙體道通鑑》記述道：

> 道士劉烈，號虛谷子……宋高宗紹興六年剙草庵，扁曰「真一」。每日端然檢閱《道藏》經史，一覽隨記，士大夫願納交焉。如晦庵朱文公與談《易》，論還丹之旨，……張于胡張孝祥一見，贈詩云：「福地中藏小洞天，洞天幽處煉神仙。簡中得趣惟虛谷，火候參同妙自然。」羅樞密點、王參政炎、曹兩府勛、周鳳溪頤、岳吏部甫諸名公，皆往來談《易》，酬唱吟詠。至孝宗隆興元年，註解《周易正經》及《六壬總括機要》一部，……（《正統道藏》第九冊，頁 6609～6610）

朱熹與虛谷子談《易》，論還丹之旨，並研讀其《還丹百篇》之作。〔註11〕爾後，遭受慶元黨禁的摧折，意識到來日無幾的多病之身，年少時期「超搖生道心」的種子，便在此刻逐漸綻放異采。

「行盡吳山過越山，白雲猶是幾重關。若尋汗漫相期處，更在孤鴻滅沒間。」（《朱熹集》卷十，〈吳山高〉，頁409）告別了虛谷子劉烈，朱熹又至黃岩靈石山拜訪謝伋。謝伋，上蔡人，其父謝克家曾舉荐過朱松（朱熹之父），而謝伋乃洛學巨擘謝良佐之孫，朱熹此次尋訪，自是帶著景仰之意前往。據《台州府志》記載，靈石山乃謝伋隱居之處，曰「藥園」。謝伋於此過著種藥服食，亦儒、亦佛、亦道的隱居生活。朱熹為眼前這位高士所深深吸引，愉悅受教後，寫下〈題謝少卿藥園〉二詩：

> 謝公種藥地，窈窕青山阿。青山固不群，花藥亦婆娑。
>
> 一掇召沖氣，三掇散沈痾。先生澹無事，端居味天和。
>
> 老木百年姿，對立方嵯峨。持此供日夕，不樂復如何！
>
> 小儒忝師訓，迷謬失其方。一為狂醒病，望道空茫茫。
>
> 頗聞東山園，芝朮緣高岡。瘇聾百不治，效在一探囊。
>
> 再拜藥園翁，何以起膏肓！（《朱熹集》卷一，頁10～11）

朱熹的膏肓之疾，不在於軀體病惡，而是此心「望道空茫茫」！心病仍須心藥醫，藥園翁開給朱熹的藥方，便是儒道佛合一的思想金丹。直指人心的一語，道出朱熹不安所在，無怪乎在謝伋面前，朱熹自認為是「小儒」一名了。

紹興二十二年，朱熹出入佛老的熱情幾乎已臻頂峰。「齋心啟真秘，焚香散十方。出門戀仙境，仰首雲峰蒼。」〔註12〕油然而生的道心，在俯仰高山清泉之際，似能暫卻塵慮，沈潛道心。將近有一年的時間，朱熹沈浸在佛經道書當中，過著「望山懷釋侶，盥手閱仙經」〔註13〕的日子。那年夏天，朱熹尋幽訪

〔註11〕《歷世真仙體道通鑑》卷五十一，收錄朱熹贈虛谷子之詩：「細讀還丹一百篇，先生信筆亦多言。元機謾向經書覓，至理端於目睫存。二馬果能為我馭，五芽應自長家園。明朝駕鶴登山去，此話更從誰與論？」（《正統道藏》第九冊，頁6610）

〔註12〕《朱熹集》卷一，頁16，〈宿武夷觀妙堂二首〉：
陰靄除已盡，山深夜還冷。獨臥一齋空，不眠思耿耿。
閑來生道心，妄遣慕真境。稽首仰高靈，塵緣誓當屏。
清晨叩高殿，緩步遶虛廊。齋心啟真秘，焚香散十方。
出門戀仙境，仰首雲峰蒼。躊躇野水際，頓將塵慮忘。

〔註13〕《朱熹集》卷一，頁22，〈夏日二首〉之二：

道之餘，行經順昌筻篔鋪，見題壁詩云：「煌煌靈芝，一年三秀，予獨何爲，有志不就。」不禁心有所感，有〈宿筻篔鋪〉一作：「庭陰雙樹合，窗夕孤蟬吟。盤礴解煩鬱，超搖生道心。」（《朱熹集》卷一，頁 21）這首題壁詩，竟無心插柳地種在朱熹心田，四十年後，成爲朱熹潛研《周易參同契》的契機。

　　年少時期的朱熹，對於道教的關注，尚未深入哲理探討的思想層面，縱然勤讀道書，多少流露出追求羽化登仙的盼望。〈讀道書作六首〉云：

　　　岩居秉貞操，所慕在玄虛。清夜眠齋宇，終朝觀道書。形忘氣自沖，
　　　性達理不餘。於道雖未庶，已超名跡拘。至樂在襟懷，山水非所娛。
　　　寄語狂馳子，營營竟爲如！

　　　失志墮塵網，浩思屬滄洲。靈芝不可得，歲月逐江流。碧草晚未凋，
　　　悲風颯已秋。仰首鸞鶴期，白雲但悠悠。

　　　四山起秋雲，白日照長道。西風何蕭索！極目但煙草。不學飛仙術，
　　　日日成醜老。空瞻王子喬，吹笙碧天杪。

　　　鬱羅聳空上，青冥風露凄。聊乘白玉鸞，上與九霄期。激烈玉簫聲，
　　　天矯餐霞姿。一回流星盼，千載空相思。

　　　王喬吹笙去，列子御風還。至人絕華念，出入有無間。千載但聞名，
　　　不見冰玉顏。長嘯空宇碧，何許蓬萊山？（《朱熹集》卷一，頁 23
　　　～24）

「鸞鶴期」、「飛仙術」，坦言追求長生、羽化登仙的念頭；加以王子喬之高壽，列子御風而遨之姿，在在吸引少年朱熹的目光。附帶一提的是，「餐霞」乃道教服食日霞的養生方法，朱熹高徒陳淳，歌詠道事之作的〈仙霞嶺歌〉有云：「群仙游宴絕頂上，不飲煙火湯與茶。朝餐赤霞吸其英，暮餐黃霞咀其華。」〔註14〕道教中人修煉的目的，無非登仙一途，不食人間煙火，而以「霞」爲餐食，此乃其養生之方。

　　紹興二十一至二十三年，朱熹浸漬於佛道之說當中，前往同安赴任之前，朱熹寫下〈牧齋記〉，以總結這三年來的想法。孔老夫子「古之學者爲己」之說，言猶在耳，朱熹不禁反省道：「況古人之學所以漸涵而持養之者，固未嘗

　　　雲臻川谷暝，雨來林景清。齋舍無餘事，涼氣散煩縈。
　　　望山懷釋侶，盥手閱仙經。誰懷出塵意？來此俱無營。
〔註14〕《北溪大全集》卷二，《四庫全書》第一一六八冊，頁 519。

得施諸其心而錯諸其躬也。如此則凡所爲早夜孜孜以冀事業之成而詔道德之進者，亦可謂安矣。」（《朱熹集》卷七十七，〈牧齋記〉，頁 4022）離開牧齋赴任，未曾預料到的思想轉折，就從謁見楊時再傳弟子——李侗開始。然而，這也意味著，牧齋三年所陶鑄的高蹈情懷，逐漸地退出朱熹思想的主流，而成了年輕生命中的驚鴻一瞥。

（二）十年齊楚得失裡，醉醒夢覺今超然

　　淳熙四年（1177），朱熹四十八歲。這年九月，朱熹與袁樞、傅伯壽等人同遊武夷，詩歌唱酬。頗負盛名的史學家袁樞，有〈寄朱晦翁山中丹砂〉一作，云：

> 丹砂九轉世莫傳，羽衣婀娜飛朝天。淒然風露洗塵世，星斗一天隨轉旋。空餘丹鼎在巖際，夜夜虯光騰霽煙。天遣紫陽弭絳節，點石成玉公須專。朝來金鎖開洞府，丹火已灰當復燃。離龍坎虎玄又玄，不須人間詢謫仙。黃熊跑號青兕舞，爭欲舐鼎巖笞鞭。巖頭風高卷衣袂，嘶斷玉龍雲滿川。怡然上池漱瓊液，鼓枻下濯丹溪泉。雲間雙鶴儻未下，招隱爲我歌長編。〔註15〕

就題目言，不難推知其論煉養之說。袁樞精熟《周易參同契》，頗好金丹煉養之道，以此與朱熹唱酬，並將朱熹喻爲「紫陽眞人」張伯端；只可惜，朱熹已非昔日耽好佛道之人。「禪關夜扣手剝啄，丹經書誦心精專。十年齊楚得失裡，醉醒夢覺今超然。」〔註16〕當年潛研道書丹經，而今看來，方知醉醒夢覺，朱熹此際心態，昭然已揭。

（三）唯應廣成子，萬感不關情〔註17〕

　　紹興二十一年，與虛谷子暢談還丹之趣，猶深植於心；對於種藥服食，隱居藥園的謝伋，朱熹亦未能忘懷；淳熙六年所結識的紫虛眞人崔嘉彥，更讓朱熹有比鄰而居，共談丹道的想望。只不過，這一切的超世追求，終究隱沒在儒家用世的抱負中。直到慶元黨禁臨之，加以染上足疾，行走不甚方便，

〔註15〕《武夷山志》卷二十二，錄自束景南《朱熹年譜長編》卷上，頁 590。
〔註16〕《朱熹集》卷四，〈奉答景仁老兄贈別之句〉，頁 187。
〔註17〕朱熹慶元三年之作〈擬縣補以蟲鳴秋詩〉：「天籟誰爲主？乘時各自鳴。如分百蟲響，來助九秋清。未歇吟風調，先催泣露聲。乾坤闘氛氣，草木斂華英。易斷愁人夢，難安懶婦驚。唯應廣成子，萬感不關情。」（《朱熹集》卷九，頁 387）

面對無可著力的世局，昔日深埋心底的聲音於焉浮現，《周易參同契考異》與《陰符經考異》成了朱熹晚年心力所在。而署名「空同道士鄒訢」〔註18〕的朱熹，已然吐露潛研《參同契》的動機。

慶元三年，朱熹六十八歲，〈空同賦〉一作，可與其當下心境相結合觀之。賦云：

> 何孟秋之玄夜兮，心慘悷而弗怡？倀予軀之既寧兮，神杳杳兮寒閨。雲屋掩而弗扃兮，壁帶耿而夜光。宕予魄而不得視兮，悵竚立其怔營。靈脩顧予而一笑兮，懼并坐之從容。寐將分而不忍兮，旦欲往而焉從？眷予衷之廓落兮，奄愁結而增忡。超吾升彼崑崙兮，路脩遠而焉窮？忽憑危以臨睨兮，蔵廣寒與閬風。信真際之明融兮，又何必懷此夢也！矢予詞以自寫兮，盍將反予旆乎空同！（《朱熹集》卷一，頁5～6）

以道治天下的理想，已然成為昨日黃花，至此，生命又將何所歸屬？隱於「崑崙」？無奈路途脩遠；憑眺「廣寒」與「閬風」？卻又那樣遙不可及。復返「空同」，似乎成了唯一的路。

「空同道士」，意即空同山上的廣成子——老、莊與道教理想中的至人、真人。廣成子的空同旨趣，〔註19〕便在於修身長生之道。對於修養長生之道，此刻的朱熹是打從心底懾服，並親作〈調息箴〉一首，身體力行，其云：

> 鼻端有白，我其觀之。隨時隨處，容與猗移。靜極而噓，如春沼魚。動極而翕，如百蟲蟄。氤氳開闢，其妙無窮。孰其尸之，不宰之功？雲臥天行，非予敢議。守一處和，千二百歲。（《朱熹集》卷八十五，頁4387）

〔註18〕鄒訢，《四庫全書總目提要》卷二八對此說道：「蓋以鄒本為邾國，其後去邑而為朱，故以寓姓。《禮記》鄭氏註，謂訢當作熹。又《集韻》熹『虛其』切，訢亦『虛其』切，故以寓名。殆以究心丹訣，非儒者之本務，故託諸廋辭歟？」（頁3047）

〔註19〕廣成子之「空同」意旨，即《莊子·在宥》廣成子談修身長生之道。其云：「廣成子蹶然而起，曰：『善哉問乎！來！吾語女至道。至道之精，窈窈冥冥；至道之極，昏昏默默。無視無聽，抱神以靜，形將自正。必靜必清，無勞女形，無搖女精，乃可以長生。目無所見，耳無所聞，心無所知，女神將守形，形乃長生。慎女內，閉女外，多知為敗。我為女遂於大明之上矣，至彼至陽之原也；為女入於窈冥之門矣，至彼至陰之原也。天地有官，陰陽有藏，慎守女身，物將自壯。我守其一以處其和，故我修身千二百歲矣，吾形未嘗衰。』黃帝再拜稽首曰：『廣成子之謂天矣！』」（《莊子集釋》，頁381）

「守一處和,千二百歲」與《莊子‧在宥》「我守其一,以處其和,故我修身千二百歲矣,吾形未嘗衰」如出一轍。

朱熹對於道教,尤其是道教內丹學的接觸,也表現在對於陳摶學說的喜好上。慶元二年,與方伯謨書信中,曾經提到:

> 熹今年之病久而甚衰,此月來方能飲食,亦緣炙得脾腎俞數壯,似頗得力也。……記得籍溪先生曾寫得〈陳希夷墓表〉云是呂洞賓所撰。見與,偶尋不見。煩為問子端,恐有本,即為寫一本附來也。(《朱熹集》卷四十四,〈與方伯謨〉,頁2097)

朱熹甚至曾和友人蔡元定共同研究過陳摶的「睡功」。陳摶睡功,乃內丹修煉之法,丹家相信,小我之身應當順應天地大化運行規律,以涵養生機,寢處「早晚以時」,不違自然之道。「先睡心,後睡眼」更是發人深省之語!憂道憂民,任重道遠者,其肩上擔子可想而知,能心無掛慮,一夜無夢,俗事不入於心,怕是奢求。思有所作為,仍須身心相配合,否則,只能看著自己力不從心,慨然長嘆!因此,看似簡單的「睡功」,實為養護基本生命的要訣所在。

晚年遭慶元黨禁的朱熹,對於政事已無能為力。然而生民猶待懸解,憂道之心未能一日稍歇,在垂暮龍鍾的醇儒面貌下,亦難掩高蹈長生之情。

綜上所述,可以知道:朱熹不僅親自走訪道教聖地,且曾經研讀道經道書,探討修身養性之方。倘若有人質疑其沈醉道教養生之道,而忘卻國家生民大事,實委屈了以儒者自居的朱熹。

一直以來,朱熹未曾忘卻身為儒者的承擔所在,對於大道不行、人性失落,自覺而清醒地面對這樣的時局,他仍舊一秉初衷,不曾改易。慶元六年二月春分時節,朱熹在〈跋袁州萍鄉縣社倉記〉中抒發心志云:「天下之事,是非得失,固有定在,而其盛衰興廢,亦有繫於時勢而不可常者。」(《朱熹集》卷八十四,頁4353)即便世局發展,有時非一二人所能力挽狂瀾;然而,天下事的「是非得失,固有定在」,何須爭眼下長短高低!時間自會沈澱一切,還它本然樣貌。

綜觀朱熹一生,年少時期「超搖生道心」的想法,畢竟未能掩蓋他用世的抱負,大半心力奉獻給社稷的朱熹,在歷經慶元黨禁之後,也不得不另覓出口,以安頓此心。他在〈題袁機仲所校參同契後〉說道:

> 予頃年經行順昌,憩篔簹鋪,見有題「煌煌靈芝,一年三秀。予獨何為?有志不就」之語於壁間者,三復其詞而悲之,不知題者何人,

適與予意會也。慶元丁巳八月七日，再過其處，舊題固不復見，而
屈指歲月，忽忽餘四十年，此志眞不就矣。道間偶讀此書，并感前
事，戲題絕句：「鼎鼎百年能幾時？靈芝三秀欲何爲？金丹歲晚無消
息，重歎齏鹽壁上詩。」（《朱熹集》卷八十四，頁4361）

欲有一番作爲，若無足夠體力能耐，最後只能徒嘆奈何；而道教養生之說，
在養護自然生命，進而修身養性方面，著實有其存在意義。

　　再者，步入晚年，身體狀況大不如前，加以「其志不就」，使得朱熹在面
對疾病纏身之際，也不得不意識到——能著書立說的時日，已經不多了！慶
元六年立春前一日，朱熹持杖出遊，作詩云：「雪花寒送臘，梅萼暖生春。歲
晚江春路，雲迷景更新。」（《朱熹集》卷九，〈庚申立春前一日〉，頁405）返
家後，不意引動足疾，併發其他病痛。

　　對於朱熹晚年所患之症，蔡沈在〈夢奠記〉中曾道：

> 先生頻年腳氣，自入春來尤甚，以足弱氣痞，步履既艱，刺痛更作，
> 服藥不效。先生謂沈曰：「腳氣發作，異於常年，精神頓壞，自覺不
> 能長久。」閏二月，俞倅夢達閩中自邵武至延平，過考亭，荐醫士
> 張修之。張至，云：「須略攻治法，去其壅滯，方得氣脈流通。」先
> 生初難之，以問劉擇之。擇之蓋素主不可攻治者，叩其用藥，擇之
> 曰：「治粗人病爾，此豈所宜。」張執甚力，擇之不能屈。先生亦念
> 此病恐前後醫者只養得住，遂用其藥。初制黃蓍、鶯粟殼等，服之
> 小效。繼用巴豆、三稜、莪朮等藥，覺氣快足輕，向時遇食多不下
> 膈之病皆去。既而大腑又秘結，先生再服溫白丸數粒，臟腑通而泄
> 瀉不止矣。黃芽、歲丹作大劑投之，皆不效，遂至大故。〔註20〕

雖然病痛加身，但朱熹在這段期間，仍筆耕不輟。他寫給楊方的信，其實已
是距離辭世前的十來天了，信中提到：

> 熹病日覺沈重，而醫者咸以爲可治，但服藥殊不見效，亦付之無可
> 奈何，安坐拱手以聽天命耳。曾光祖在此備見，當能道之也。此間
> 諸況曲折，亦不暇詳布，渠亦可問也。……《夏小正》文已編入禮
> 書，但所見數本率多舛誤，所示未暇參考。少俟功夫，子細校畢，
> 即納還也。《四民月令》亦見當時風俗及其治家整齊，即以嚴致平之
> 意推尋也，亦俟抄了并納還。不知近日更得何異書？便中望見告。

〔註20〕錄自束景南：《朱熹年譜長編》，頁1413～1414。

（《朱熹集》卷四十五，〈答楊子直〉，頁 2158～2159）

接著又道：

> 此卻亦讀得舊書，但鍛鍊得愈純熟，亦頗有實用，不專言是空言也。
> 此間新定《參同契》曾寄去否？如未有，可喻及，當續致也。此書
> 理會他下手處不得，但愛其文古雅，因校此本。（同上，頁 2159）

朱熹晚好《參同契》之學，並不能逕自斷定，他暫置儒學轉而投道，若以「非
此即彼」的二分法衡之，恐將誤解許多事實。加以道教內丹學於宋代，已然
形成一種文化型態，不具道士身份，卻熟諳內丹之學者，大有人在，對此，
盧國龍說道：

> 在宋代，是否具有道士身份與是否服膺於道教文化，是差別很大的
> 兩個問題。而從某種意義上甚至可以說，宮觀、教派、科儀、道士
> 等只是道教存在方式的一些象徵，文化型態或特質才是其存在方式
> 的根本。換言之，宋代所謂道教，從本質上說是一種文化，這種文
> 化的載體以及作用範圍，都遠非侷限於道教內部。〔註21〕

盧氏這段話堪稱公允。同時期的學術發展，本非單一直線式的完成，不同領
域的交流對話，更能促進學問的厚實淵博。

即使朱熹始終以醇儒身分自居，然而，他在道教界也享有極高評價。金
丹派南宗巨擘白玉蟾，獲悉其辭世消息，作〈朱文公像疏〉云：

> 天地棺，日月葬，夫子何之？梁木壞，太山頹，哲人萎矣！兩楹之
> 夢既往，一唯之妙不傳。竹簡生塵，杏壇已草；嗟文公七十一禩，
> 玉潔冰清；空武夷三十六峯，猿啼鶴唳。管絃之聲猶在耳，藻火之
> 像賴何？人仰之彌高，鑽之彌堅。聽之不聞，視之不見，恍兮有像，
> 未喪斯文。惟正心誠意者知，欲存神索至者說。（《修眞十書・上清
> 集》卷四十三，《正統道藏》第七冊，頁 673）

白玉蟾感嘆，朱熹離開人世，猶如梁木壞、太山（即泰山）頹，足見朱夫子
在道徒眼中的分量。此外，江西南昌逍遙山一帶，亦流傳著如此說法：「晦庵
亦自是武夷洞天神仙出來，扶儒教一遍，晚節盤桓山中，文墨可見。紫清白
玉蟾亦甚加敬。」（《淨明忠孝全書》卷四，《正統道藏》第四十一冊，頁 32913）
以儒學巨擘著稱的朱熹，潛研道經，結交方外道友，甚而在道教界取得如此
高的評價，實屬難能。

〔註21〕盧國龍：《道教哲學》，頁 531。

第四章　朱熹與圖書象數易學

　　本章以「朱熹與圖書象數易學」為題進行探討，首先探討宋代圖書象數易學概況，必須說明的是，宋代易學向有義理派、史事派等解《易》路數，之所以集中在圖書象數易學來談，乃著眼於醫、《易》在「象」、「數」上的密切關係。其次，探討朱熹研《易》情況，藉以瞭解其研《易》過程的幾處重要轉折。

第一節　宋代圖書象數易學

　　一般而言，人們習以義理派與象數派區分易學流別，然而，時至北宋，自〈河圖〉、〈洛書〉受到重視以來，以圖式解《易》，已然成為另一種解《易》方式。由於此種解《易》方式以〈河圖〉、〈洛書〉為肇端，因此，被稱之為「圖書學」。對於圖書學的昌盛，南宋朱震便曾如此描述：

> 陳摶以〈先天圖〉傳种放，放傳穆修，穆修傳李之才，之才傳邵雍。放以〈河圖〉、〈洛書〉傳李溉，溉傳許堅，許堅傳范諤昌，諤昌傳劉牧。修以〈太極圖〉傳周敦頤，敦頤傳程顥、程頤。是時，張載講學於二程、邵雍之間。故雍著《皇極經世》之書，牧陳天地五十有五之數，敦頤作《通書》，程頤述《易傳》，載造《太和》、《三兩》等篇。(《漢上易傳表》，《四庫全書》第十一冊，頁5)

據此，圖書之學的傳授系統，形之圖表則為：

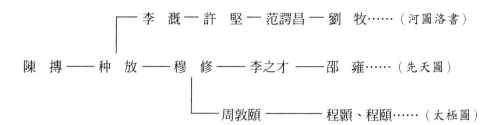

然而，程頤當屬義理派易學者，而邵雍當推藉《易》言數者，究其傳承，卻仍間接地受到圖書學派的影響。由於圖書之學在解《易》方面的獨特方式，使得該說一出，便受到相當關注。本節將分成三方面探討：一、宋易河洛先天學的先導；二、陳摶的象數之學；三、邵雍的先天之學。

一、宋易河洛先天學的先導

關於《易》是否以〈河圖〉、〈洛書〉為源，清代胡渭《易圖明辨》題辭曾指出：

> 河圖之象，自古無傳，從何擬議？洛書之文，見於〈洪範〉，奚關卦爻？五行九宮初不為《易》而設，《參同契》先天太極特借《易》以明丹道，而後人或指為〈河圖〉，或指為〈洛書〉，妄矣！（《四庫全書》第四十四冊，頁 639）

胡渭認為，宋人所謂〈河圖〉，應當稱為「五行之數生成圖」；〈洛書〉當稱為「太乙下行九宮圖」，總之，非古之〈河圖〉、〈洛書〉。他在《易圖明辨》卷一中又說：

> 〈河圖〉、〈洛書〉乃仰觀俯察中之一事。後世專以〈圖〉、〈書〉作為《易》之由，非也。〈河圖〉之象不傳，故《周易》古經及注疏未有列〈圖〉、〈書〉于其前者。有之，自朱子《本義》始。《易學啟蒙》屬蔡季通起橐，則又首本〈圖〉〈書〉、次原卦畫。遂覺《易》之作，全由〈圖〉、〈書〉；而舍〈圖〉、〈書〉，無以見《易》矣。學者溺於所聞，不務觀象玩辭，而唯汲汲於圖、書，豈非《易》道之一厄乎！
> （《四庫全書》第四四冊，頁 643）

胡渭雖不認為《易》卦出於〈河圖〉、〈洛書〉，但其否定〈河圖〉、〈洛書〉的存在，卻又失之武斷。

實則，〈河圖〉、〈洛書〉所呈現的特殊數理關係，尚可從其他資料中尋繹而得。《素問・金匱真言論》便曾提到：

> 東方青色，入通于肝，開竅于目……其應四時，上爲歲星，是以春
> 氣在頭也，其音角，其數八，是以知病在筋也，其臭臊。
> 南方赤色，入通于心，開竅于耳……其應四時，上爲熒惑星，是以
> 知病之在脈也，其音徵，其數七，其臭焦。
> 中央黃色，入通于脾，開竅于口……其應四時，上爲鎮星，是以知
> 病之在肉也，其音宮，其數五，其臭香。
> 西方色白，入通于肺，開竅于鼻……其應四時，上爲太白星，是以
> 知病之在皮毛也，其音商，其數九，其臭腥。
> 北方色黑，入通于腎，開竅于二陰……其應四時，上爲辰星，是以
> 知病在骨也，其音羽，其數六，其臭腐。（《素問》卷一，頁 16～17）

根據《四庫全書簡明目錄》卷十「黃帝素問」條，認爲該書「必周、秦間人傳述舊聞，著之竹帛」。〈金匱眞言論〉以八、七、五、九、六配以五色、五方、五音，此配對關係，更凸顯八、七、五、九、六作爲「成數」的對應關係。所謂「成數」，乃是「生數」加五而成。《易・繫辭傳》鄭玄注云：

> 天一生水於北，地二生火於南，天三生木於東，地四生金於西，天
> 五生土於中，陽无耦，陰无配，未得相成。地六成水於北，與天一
> 并（天一生水，地六成之）；天七成火於南，與地二并（地二生火，
> 天七成之）；地八成木於東，與天三并（天三生木，地八成之）；天
> 九成金於西，與地四并（地四生金，天九成之）；地十成土於中，與
> 天五并（天五生土，地十成之）也。（《四庫全書》第七冊，頁 143）

鄭注以一、二、三、四、五分別代表水、火、木、金、土的「生數」，由於土能長養萬物，故而在各生數上加上「土數五」，便得到六、七、八、九、十，這便是水、火、木、金、土的「成數」。

再者，由於天爲陽、地爲陰，奇數爲陽、偶數爲陰，五行中的每一行，也都由一生數與成數相配，奇數與偶數相配，陽與陰相配而成，以此展現一對對陰陽消長關係：「水」有陽水、陰水，「火」有陽火、陰火，「木」有陽木、陰木，「金」有陽金、陰金，「土」有陽土、陰土等五種配伍關係。「陽無耦，陰無配，未得相成」的情況，藉由生數、成數完成配伍關係。由此可見，《素問・金匱眞言論》中所運用的數理關係，乃與〈河圖〉之說相一致，而〈河圖〉數理的存在，誠無庸置疑。

《靈樞・九鍼論》對於〈洛書〉數理亦頗相涉。文曰：

請言身形之應九野也，左足應立春，其日戊寅己丑。左脅應春分，
其日乙卯。左手應立夏，其日戊辰己巳。膺喉首頭應夏至，其日丙
午。右手應立秋，其日戊申己未。右脅應秋分，其日辛酉。右足應
立冬，其日戊戌己亥。腰尻下竅應冬至，其日壬子。六府膈下三藏
應中州，……（《靈樞》卷十二，頁2～3）

本段文字形諸圖式，則表示為：

〈巽〉： 東南──立夏──左手	〈離〉： 南──夏至──膺喉頭首	〈坤〉： 西南──立秋──右手
〈震〉： 東──春分──左脅	中央──天府肝脾腎	〈兌〉： 西──秋分──右脅
〈艮〉： 東北──立春──左足	〈坎〉： 北──冬至──腰尻下竅	〈乾〉： 西北──立冬──右足

　　參之以《靈樞‧九宮八風》的「九宮」之說，其中，〈九宮圖〉乃源於《易
緯‧乾鑿度》卷下，如曰：

易一陰一陽，合為十五之謂道。陽變七之九，陰變八之六，亦合於
十五，則象變之數若一。陽動而進，變七之九，象其氣之息也；陰
動而退，變八之六，象其器之消也。故太一取其數以行九宮，四正
四維皆合於十五。（《四庫全書》第五三冊，頁874）

鄭玄《易‧繫辭》注中，第一次將「二四為肩，六八為足，左三右七，戴九
履一，五居中央」的「九宮」與漢代流行的五方、五行相配合，實為《靈樞‧
九宮八風》奠定言說基礎。因此，〈洛書〉數理關係亦不容置疑。

　　蓋〈河圖〉、〈洛書〉昔屬神秘圖文一類，其傳授人選有著嚴格規定；時
至漢代，經學家們對於《易‧繫辭傳》「河出圖、洛出書」一語，多半藉由猜
測以進行注釋，使得〈河圖〉、〈洛書〉的傳授，更添神秘之感。漢代流行的
讖緯書中，關於〈河圖〉、〈洛書〉之作，真可謂琳瑯滿目，例如《河圖括地
象》、《河圖挺佐輔》、《洛書靈準聽》、《洛書甄耀度》等等。而這些作品，有
些在道教中繼續流傳開來，北宋圖書學的發展，與此亦有淵源。

　　宋代易學體系在北宋之際，曾產生一重大轉變，對此，詹石窗曾說道：

如果說以易學的象數和義理來倡導養生、修煉氣功，又從養生、氣

功的實踐活動中畫出圖像來，這還屬於易學的應用範圍的話，那麼，從養生、氣功實踐活動中取得經驗之後再回到易學理論的探討中來，通過演繹和歸納，從數理上推究《易》卦的起源和組合模式，將易學象數全面圖式化，又從這種圖式中探討《易》數之本，這一切意味著北宋易學體系的根本性變革。〔註1〕

詹氏這段話，主要指出兩個重點：1、宋代以前，養生、氣功等實踐活動，是屬於易學的應用範圍；2、從實踐經驗中返回易學理論的探討，數理關係的窮究、圖式結構的呈現，儼然發展出宋代圖書象數易學一路。

隨著唐、五代以來，外丹服食屢屢致命的現象，渴求長生不老、羽化登仙的人們，不得不對此進行反思：丹術煉養實踐，究竟出了什麼問題？這便促成道徒轉而為內丹修煉，並進一步從丹道理論層面深入探討。於此之際，魏伯陽《周易參同契》重新被說解發揮。

關於《周易參同契》，《舊唐書‧經籍志》丙部五行類首先著錄：《周易參同契》二卷，魏伯陽撰，《周易五相類》一卷，魏伯陽撰。《新唐書‧藝文志》五行類著錄：魏伯陽《周易參同契》二卷，又《周易五相類》一卷。又《宋史‧藝文志》沿用此說。宋鄭樵《通志‧藝文略》開始別立《參同契》一門，載注本十九部三十一卷。此外，宋晁公武《郡齋讀書志》、元馬端臨《文獻通考》等書，亦皆著錄。〔註2〕

葛洪認為，魏伯陽作《周易參同契》，看似解釋《周易》，實則，借爻象以論作丹。《四庫全書》則將《周易參同契》列入「子部道家類」，《四庫全書

〔註1〕 詹石窗、連鎮標：《易學與道教文化》，福建人民出版社，1995年，頁335。
〔註2〕 關於《周易參同契》的重要注本，大抵如下：
　　　　陰長生《周易參同契注》三卷，唐注本，收入《正統道藏》。
　　　　無名氏《周易參同契注》二卷，收入《正統道藏》容字號。
　　　　後蜀‧彭曉《周易參同契分章通真義》三卷，收入《正統道藏》和《四庫全書》。
　　　　宋‧朱熹《周易參同契考異》二卷，收入《正統道藏》(《道藏》本作《周易參同契注》)。
　　　　宋‧陳顯微《抱一子解周易參同契》三卷，收入《正統道藏》。
　　　　元‧俞琰《周易參同契發揮》九卷，收入《正統道藏》。
　　　　元‧陳致虛《周易參同契分章注》三卷，收入明代蔣一彪《古文參同契集解》及《四庫全書》。
　　　　清‧朱元育《參同契闡幽》二卷，收入《道藏輯要》虛集及《道統大成》。
　　　　清‧董德寧《周易參同契正義》三卷，收入《道藏精華錄》。

總目提要》指出：

> 其書多借納甲之法，言坎離水火，龍虎鉛汞之要，以陰陽五行昏旦時刻爲進退持行之候。後來言爐火者，皆以是書爲鼻祖。……《唐志》列《參同契》於五行類，固爲失當；朱彝尊《經義考》列《周易》之中，則又不倫。惟葛洪所云，得魏伯陽作書本旨，若預睹陳摶以後牽異學以亂聖經者。是此書本末源流，道家原了了，儒者反憒憒也。今仍列之於道家，庶可知丹經自丹經，《易》象自《易》象，不以方士之說，淆羲、文、周、孔之大訓焉。（《四庫全書總目提要》，頁3046）

「《唐志》列《參同契》于五行類，固爲失當；朱彝尊《經義考》列《周易》之中，則又不倫。」《提要》此語誠屬公允！然而，兩宋丹家對於爐火之事，並非僅侷限於丹術操作層面來談，更重要的是，尋繹丹道內涵，從理論層次的高度，瞭解其與《易》理之間的關係。

就數理角度而言，《周易參同契》文中已有關於〈河圖〉、〈洛書〉的數理描述。其於〈元精眇難睹章〉云：

> 元精眇難睹，推度效符證。居則觀其象，準擬其形容。立表以爲範，占候定吉凶。發號順時令，勿失爻動時。上察河圖文，下序地形流。中稽於人心，參合考三才。動則循卦節，靜則因象辭。乾坤用施行，天地然後治，可得不愼乎！（頁30）

元精者，元氣也。元氣精微，難以目睹，故需推測徵驗以效天符。其中，仰觀〈河圖〉以察知天象陰陽變化，藉由〈洛書〉以瞭解地道變化之貌，繼而考察人心，以通盤把握天、地、人三才之道，此事「可得不愼乎」！關於〈河圖〉、〈洛書〉之說，《周易參同契·陰陽爲度章》也曾提到：

> 陰陽爲度，魂魄所居。陽神日魂，陰神月魄。魂之與魄，互爲室宅。性主處內，立置鄞鄂。情主營外，築垣城郭。城郭完全，人物乃安。爰斯之時，情合乾坤。乾動而直，氣布精流。坤靜而翕，爲道舍廬。剛施而退，柔化以滋。九還七返，八歸六居。……（頁116～117）

「九還七返，八歸六居」，「九」是金的成數，位居西方，還其源，則爲生數四；「七」是火的成數，位居南方，返其本，則爲生數二；「八」是木的成數，位居東方，歸其源，則爲生數三；「六」是水的成數，位居北方，居其本，爲生數一。由此可知，〈河〉、〈洛〉數理隨著《周易參同契》的再度受到重視，

引發兩宋對於圖書象數之學的高度關注。

前人或以爲〈河圖〉爲先天，〈洛書〉爲後天，此先天、後天之說，乃是宋代易學又一精彩之處。溯其淵源，同樣可從內丹煉養活動窺見端倪，其線索得從晚唐呂洞賓談起。

根據《舊唐書》卷一三七及〈呂祖傳〉的記載，呂洞賓原名呂岩，失意於科場，遂萌生學道出世之意，行跡長安，巧遇鐘離羽士，隨之往終南山，習得秘傳；又於唐僖宗廣明元年，得遇崔汪，受內丹著作《入藥鏡》一書。《入藥鏡》書中有云：

> 水怕乾，火怕寒，差毫髮，不成丹。鉛龍升，汞虎降，驅二物，勿縱放。產在坤，種在乾，但至誠，法自然。盜天地，奪造化，攢五行，會八卦，水眞水，火眞火，水火交，永不老。（《崔公入藥鏡注解》混然子注，《正統道藏》第四冊，頁 2686～2687）

該書認爲，倘能顚倒五行，交會八卦，水火既濟，則能由後天返回先天，涵養生之氣，得以不衰老。《入藥鏡》甚且直接提出「先天炁，後天炁，得之者，常似醉。」（同上）其先天、後天之說的提出，對於宋《易》啓發甚大。

宋代圖書象數易學的興盛，誠然與道徒、丹家修煉活動有關。〈河圖〉、〈洛書〉的特殊數理關係、生數與成數之說，吸引大批易學家的目光；道徒爲提供修煉時形象感知的把握，繪製的種種圖式，也促使人們重視「象」的形象把握；先天之說，自陳摶、种放、穆修、李之才一路傳承下來，至邵雍發展出獨具特色的「先天之學」。

二、陳摶的象數之學

陳摶（871～989），字圖南，自號扶搖子，宋太宗賜號希夷先生。最初流傳於隱者道人中的《易》、道圖式，隨著陳摶的推擴之功，廣泛地深入儒者生活圈，爲宋《易》圖書學奠下重要基礎。

「讀經史百家之言，一見成誦，悉無遺忘」（《宋史·隱逸傳》，頁 13420）的陳摶，仕宦之途並不如意，進士落第之後，轉而傾心探討丹法，其最爲人所熟知的，當推「龍睡」之功，據說一旦入寢，可達百餘日不醒。他曾有〈睡歌〉一作云：

> 臣愛睡，臣愛睡，不臥氈，不蓋被。片石枕頭，簑衣覆地。南北任眠，東西隨睡。轟雷掣電泰山摧，萬丈海水空裏墜。驪龍吽喊鬼神

驚，臣當恁時正鼾睡。（《太華希夷志》，《正統道藏》第九冊，頁 7122）

南北任眠，東西隨睡，雷掣電撮，巨浪滔天，依舊安穩酣睡，此非一般人所能輕易辦到。然而，陳摶龍睡，並非只是昏沈貪眠，而是內丹修煉的一種煉功手段。陳摶實際踐履內丹修煉，並將此種內在體驗形諸圖式，對於宋《易》圖書學的推動，實居功厥偉。

對於陳摶易學所傳下的圖式，大致上可分成三類觀之：一是〈先天圖〉，二是〈龍圖〉，三是〈無極圖〉。

首先，就〈先天圖〉而言。按朱震的說法，陳摶以〈先天圖〉傳种放，此說已成宋明以來學者們的定論，然而，陳摶所傳的〈先天圖〉，究竟是何樣貌？紹熙四年，朱熹六十四歲，其友蔡元定出遊名山大川，受朱熹之託，赴青城山尋訪道教所傳《易》圖，〈先天圖〉或謂〈先天太極圖〉，據悉便是得之於此際。此圖是否便是陳摶原圖，已不可考，但元明以降，相傳如此。

該圖名之爲〈先天圖〉，實與丹家煉養之說有關。丹家認爲，「先天」指的是人生來固有者；「後天」，則指人爲的修煉。若以人身喻一小天地，首爲乾，腹爲坤，火炎上，水就下，乃自然之態，亦即先天之式；欲逆而成丹，使火氣下降，水氣上升，則已屬後天人爲。

其次，談到〈龍圖〉。此圖類似於〈河圖〉、〈洛書〉圖式。根據《易·繫辭傳》「三陳九卦」之說，〈龍圖〉也有三變之說，其意以爲，天地之數經過三次變化，最後將導出〈龍圖〉易。

再者，談到〈無極圖〉。黃宗炎《圖學辯惑》曾對〈無極圖〉作出如下解釋：

（無極圖）乃方士修煉之術，其義自下而上，以明逆則成丹之法。其大較重在水火，火性炎上，逆之使下，則火不燥烈，唯溫養而和煦；水性潤下，逆之使上，則水不卑濕，唯滋養而光澤。滋養之至，接續而不已；溫養之至，堅固而不敗；律以老氏虛無之道已爲有意。就其圖而述之，其最下一○名爲玄牝之門，玄牝即谷神也。牝者，竅也。谷者，虛也，……爲人身命門兩腎空隙之處，氣之所由以生，是爲祖氣。凡人五官百骸之運用知覺，皆根於此。於是提其祖氣上升爲稍上一○名爲煉精化氣，煉氣化神。煉有形之精，化爲微芒之氣。鍊依稀呼吸之氣，化爲出有入無之神。便貫徹於五藏六府，而爲中層之左木火，右金火，中土相聯絡之一圈，名爲五氣朝元。行

之而得也，則水火交媾而爲。又其上之中分黑白而相間雜之一圈，名爲取坎塡離，乃成聖胎。又使復還於無始，而爲最上之一○，名爲鍊神還虛，復歸無極，而功用至矣。（《四庫全書》第四十冊，頁751）

〈無極圖〉由下而上，點明「逆則成丹」之法，以元牝之門爲始，繼而煉精化氣，煉氣化神，五氣朝元，取坎塡離，以至復歸無極，此乃煉養內丹的完整過程，黃宗炎《圖學辨惑》之語，極爲精當。

總的來說，陳摶所傳〈先天圖〉、〈龍圖〉、〈無極圖〉，不但在數理關係上影響宋代〈河〉、〈洛〉之學的發展，其於圖式結構的呈現，也爲宋《易》圖書學奠下深厚基礎。

三、邵雍的先天之學

邵雍之學，按朱震所言，來源於陳摶象數系統，《宋史·道學傳》對於邵雍易學淵源曾如此描述：

北海李之才攝共城令。聞雍好學，嘗造其廬，謂曰：子亦聞物理性命之學乎？雍對曰：幸受教。乃事之才，受〈河圖〉、〈洛書〉、宓犧八卦六十四卦圖像。之才之傳，遠有端緒。而雍探賾索隱，妙悟神契，洞徹蘊奧……遂衍宓犧先天之旨，著書十餘萬言行於世，然世之知其道者鮮矣。

探賾索隱，妙悟神契，遠而古今世變，微而飛潛動植之性，推衍伏羲（即宓犧）先天之旨，成了邵雍主要興趣所在。

先天，作爲一個易學觀念，最初並非始於邵雍。《易·乾·文言傳》便曾提到：

夫大人者，與天地合其德，與日月合其明，與四時合其序，與鬼神合其吉凶。先天而天弗違，後天而奉天時。

「先天而天弗違」，旨在讚揚〈乾〉九五「大人」統理政事時，能夠先於天時而有所作爲，天亦不違背其意志。由此可知，「先天」是就自然界尚未出現變化跡象時而言。

自〈十翼〉以降，「先天」概念逐漸發展爲易學術語。晉代干寶曾謂：「伏羲之《易》小成，爲先天；神農之《易》，中成，爲中天；黃帝之《易》大成，

爲後天。」〔註3〕以伏羲《易》爲先天，神農《易》爲中天，黃帝《易》爲後天，此說誠然有待商榷；然而，這也使得後起的邵雍，有了更待探勘的空間。

相異於干寶將《易》劃分爲先天易、中天易、後天易三個階段，邵雍雖也研究後天之學，稽考文王八卦圖式，然而，其重心仍放在先天之學。按照朱震的說法，陳摶以〈先天圖〉傳种放，放傳穆修，穆修傳李之才，之才傳邵雍，此〈先天圖〉即所謂乾坤坎離的圖式。邵雍認爲，以乾坤坎離爲四正卦的圖式，乃伏羲所畫，稱爲〈先天圖〉，其學稱爲先天之學；漢代易學以坎離震兌爲四正卦，乃文王據伏羲之易加以推衍，當稱爲後天之學。對此，朱熹曾與袁樞談到：

> 蓋自初未有畫時說到六畫滿處者，邵子所謂先天之學也。卦成之後，各因一義推說，邵子所謂後天之學也。（《朱熹集》卷三十八，〈答袁機仲〉，頁 1681）

繼而又謂：

> 據邵氏說，先天者，伏羲所畫之《易》也；後天者，文王所演之《易》也。伏羲之《易》初無文字，只有一圖以寓其象數，而天地萬物之理、陰陽終始之變具焉。文王之《易》即今之《周易》，而孔子所爲作傳者是也。……〈十翼〉之中，如八卦成列，因而重之，太極、兩儀、四象、八卦而天地、山澤、雷風、水火之類，皆本伏羲畫卦之意；……必欲知聖人作《易》之本，則當考伏羲之畫；若只欲知今《易》書文義，則但求之文王之經、孔子之傳足矣。（同上，頁 1683）

朱熹此語直指邵雍先天、後天之說的差異，確實精要。邵雍認爲，先天圖式初無文字，以圖寓其象數，乃自然而有，非人力刻意編排而成，在此認知基礎上，邵雍進一步探求存在於萬物間的數理。

邵雍從數理立場出發，論述八卦與六十四卦的形成過程。其云：

> 太極既分，兩儀立矣。陽上交於陰，陰下交於陽，四象生矣。陽交

〔註3〕 何楷：《周易訂詁》卷一引，《四庫全書》第三十六冊，頁4。干寶，東晉新蔡（今河南新蔡）人。撰有《搜神記》二十卷，人稱「鬼之董狐」的干寶，同時也是著名的象數派易學家，其易學著作頗豐，計有《周易注》十卷、《周易爻義》一卷、《周易問難》二卷等作，只可惜，今皆亡佚。干寶性好陰陽術數，傾向於繼承京房以來漢《易》之說，反對以老莊玄學觀點解《易》，其於易學理論雖無重大建樹，然而，對玄學派易學而言，不啻爲一大挑戰。

於陰，陰交於陽，而生天之四象；剛交於柔，柔交於剛，而生地之
四象；於是八卦成矣。八卦相錯，然後萬物生焉。是故一分爲二，
二分爲四，四分爲八，八分爲十六，十六分爲三十二，三十二分爲
六十四。故曰：分陰分陽，迭用柔剛，故《易》六位而成章也。十
分爲百，百分爲千，千分爲萬，猶根之有幹，幹之有枝，枝之有葉。
愈大則愈小，愈細則愈繁。合之斯爲一，衍之斯爲萬。是故乾以分
之，坤以翕之。震以長之，巽以消之。長則分，分則消，消則翕也。
（〈皇極經世緒言〉卷七上，《皇極經世書》第二冊，頁 24）

以上這段話，大致可以歸納出三個重點：1、邵雍以「二分法」論八卦形成，
此法程顥謂之「加一倍法」，朱熹稱爲「一分爲二」法，據此層層推衍出兩儀、
四象、八卦等。2、邵雍使用了「氣」的概念說解陰陽相交，而謂「陽交于陰，
陰交于陽，而生天之四象；剛交於柔，柔交於剛，而生地之四象」，陽氣輕清
而上揚，陰氣重濁而下沈，由於相交之故，形成太陽、少陰、少陽、太陰「四
象」。3、《易・說卦傳》「立天之道曰陰與陽，立地之道曰柔與剛」之說，在
邵雍的說解之下，儼然成爲一種數量化的描述方式。

　　在複雜紛繁的大千世界裡，邵雍試圖找出宇宙萬物的生化之數，進而訂
定宇宙週期年表與人類的歷史年表，用心的確良苦，絕不可以玩弄數字視之。
對此，朱伯崑曾說道：

　　　邵雍的易學哲學的特色，是以數爲最高的範疇，認爲宇宙中的一切
　　事物都按數學的法則演變，而數學的法則爲心法，乃先驗的東西，
　　正因爲如此，方具有普遍的規律性，爲世界的本源。……如果說劉
　　牧派的易學哲學將數看成是先于具體事物而存在的範疇，邵雍則將
　　其歸之于思維的產物。〔註4〕

以「數」涵攝天地萬物之理，落實到現實生活中，難免有所齟齬；然而，邵
雍此種先驗思考的功夫，確有其獨到之處。此外，邵雍言「數」，尚有「用」
與「不用」之分，他說：

　　　天數五，地數五，合而爲十，數之全也。天以一而變四，地以一而
　　變四。四者有體也，而其一者無體也。是謂有無之極也。天之體數
　　四而用者三，不用者一也。地之體數四，而用者三，不用者一也。

───────────

〔註4〕　朱伯崑：《易學哲學史》第二卷，藍燈文化事業股份有限公司，民國 80 年，
　　　　頁 190～191。

是故無體之一以況自然也。不用之一以況道也。用之者三以況天地
人也。（〈皇極經世緒言〉卷七上，《皇極經世書》第二冊，頁1）

天之四象，日月星辰；地之四象，水火土石。就「數」而言，體四而用者三，
天之四象，日、月、星常顯，而辰罕見；地之四象，水、土、石常見，而火
常潛。故而，此處「不用」，是就根本而言，以其為根本，故而能蘊蓄涵養「用」
之潛能。同樣的，在邵雍看來，「太極」為化生之本，亦當藏而不用，更顯其
大用。

第二節　朱熹易學思想

本節以「朱熹易學思想」為題進行探討，將分成三部分論述：一、堅守
義理易學；二、探勘數理易學；三，肯定象占易學。

一、堅守義理易學

紹興十三年三月二十四日，朱松病故。辭世前，將年僅十四歲的朱熹託
付劉子羽照顧，並致書武夷三先生，盼其妥為教育愛子，朱熹〈屏山先生劉
公墓表〉中，曾提及這段往事：

> 蓋先人疾病時，嘗顧語熹曰：「籍溪胡原仲、白水劉致中、屏山劉彥
> 沖，此三人者，吾友也。其學皆有淵源，吾所敬畏。吾即死，汝往
> 父事之，而惟其言之聽，則吾死不恨矣。」熹飲泣受言，不敢忘。（《朱
> 熹集》卷九十，頁4585～4586）

武夷三先生胡憲、劉勉之、劉子翬，對於朱熹實照顧有加，紹興十七年，劉
勉之更把女兒許配給朱熹，共結秦晉之好。

就從師問學過程觀之，於易學方面，劉勉之與胡憲傳授路數，顯然與劉
子翬相異：劉子翬主義理之說，遠紹胡瑗，近本程頤；劉勉之與胡憲，則主
象數之說，遠紹郭載，近本譙定與朱震。譙定雖程頤弟子，然易學方面卻深
受郭載之說影響，且雜有佛老氣息，對此，朱熹曾說道：

> 熹見胡、劉二丈說親見譙公，自言識伊川於涪陵，約以同居洛中。
> 及其至洛，則伊川已下世矣。問以伊川易學，意似不以為然。至考
> 其它言行，又頗雜於佛、老子之學者，恐未得以門人稱也。以此一
> 事及其所著象學文字推之，則恐其於程門亦有未純師者。（《朱熹集》
> 卷三十，〈與汪尚書〉，頁1286）

繼而又謂：

> 涪人譙定受學於二郭，爲象學。其說云：「《易》有象學、數學。象
> 學非自有所見不可得，非師所能傳也。」譙與原仲書云：「如公所言，
> 推爲文辭則可，若見處則未。公豈不思象之在道，乃《易》之有太
> 極耶？」（《朱子語類》卷六十七，頁 1677）

譙定之學乃象數易學中的「象學」部分，早年，朱熹從二先生處所學，便是
譙定象學之說。

　　《朱子語類》中記載籍溪胡憲向譙定問《易》一事，譙定命其先看「見
乃謂之象」一句，胡憲味之不得其解，乃擇日再訪。譙定答覆道：「公豈不思
象之在道，猶《易》之有太極耶？」朱熹謂：「使某答之，必先教他將六十四
卦，自〈乾〉〈坤〉起，至〈雜卦〉，且熟讀。曉得源流，方可及此。」（《朱
子語類》卷六十七，頁 1676～1677）總的來說，朱熹早期雖推崇程頤《易傳》，
然而，劉勉之、胡憲二先生之學，已然在朱熹心中播下象數易學的種子。

　　紹興二十三年，朱熹二十四歲。赴同安之任，朱熹有機會接觸到閩地薈
萃文風，其與李侗的相見，固影響甚深；與莆中碩儒的交流，更有廣獲知音
之喜，他說：

> 某少年過莆田，見林謙之、方次榮（按：當作方次雲）說一種道理，
> 說得精神，極好聽，爲之踊躍鼓動！退而思之，忘寢與食者數時。
> 好之，念念而不忘。及至後來再過，則二公已死，更無一人能繼其
> 學者，也無一箇會說了……（《朱子語類》卷一三二，頁 3177）

林光朝（謙之）、方翥（次雲）與鄭樵，乃莆中著名大儒。號艾軒的林光朝，
爲宋室南渡後，最早於東南發揚伊洛之學者，因此被尊爲「南夫子」。在易學
上，艾軒主張《周易》乃卜筮之書，此說一出，難免驚世駭俗，這對伊洛學
所陶鑄的人們而言，一時之間實難以接受；然而，往後的日子裡，朱熹卻走
上了和艾軒一樣的道路，肯定《周易》乃卜筮之書。

　　乾道五年九月，朱熹於不惑之年痛失慈母。他在〈答尤尚書〉信中，談
到年少寄人籬下，與母親相依爲命的孺慕之情：「某不孝禍深，早歲孤露，提
攜教育，實賴母慈。不幸迂愚不堪世用，不能少伸鳥鳥之報，而奄忽至此，
冤痛割裂，不能自存。」（《朱熹集》續集卷五，頁 5233～5234）〔註5〕隔年，

〔註5〕　《朱熹集》續集卷五，作〈答尤尚書（袤）〉。束景南《朱熹年譜長編》指出，
　　　　此應爲〈答張彥輔〉。該書信中提到：「襄陽之除，必是見關，正此哀苦，不

由精通堪輿的蔡元定擇地，葬先妣於建陽崇泰里寒泉塢。

蔡元定堪稱朱熹寒泉時期的密友、道友，猶記乾道元年，蔡元定執弟子之禮往見朱熹，朱熹惜其才，以友朋相待，〈答許順之〉信中，便曾道：「山間有一二學者相從，但其間絕難得好資質者。近得一人，似可喜，亦甚醇厚，將來亦可望也。」（《朱熹集》卷三十九，頁1773）又，蔡氏之父「博學強記，高簡廓落，不能與世俗相俯仰，因去遊四方，聞見益廣。遂於《易》象天文地理三式之說無所不通，而皆能訂其得失。」〔註6〕蔡元定受此家學淵源之薰陶，亦熟諳《易》象、天文、地理之學，在朱熹往後的生命中，不但成為其著述上的得力助手，更是相互扶持的良朋益友。

寒泉著述時期的朱熹，基本上，仍是推崇程頤義理派易學。乾道三年，〈答許順之〉書中指出：「熟讀《程傳》可見，不須別立說。」（《朱熹集》卷三十九，頁 1784）又，〈答何叔京〉信中，提及程門弟子郭忠孝，於「《易》書溺象數之說，去程門甚遠。」（《朱熹集》卷四十，頁 1851）可見，圖書象數易學之說，於此際，尚不足以撼動朱熹義理易學的信念。

二、探勘數理易學

淳熙三年，朱熹四十七歲。這一年，他把自己在易學上的新發現，吐露於〈答呂伯恭〉書中：

> 讀《易》之法，竊疑卦爻之詞本為卜筮者斷吉凶，而因以訓戒。至彖、象、文言之作，始因其吉凶訓戒之意而推說其義理以明之。後人但見孔子所說義理，而不復推本文王、周公之本意，因鄙卜筮為不足言；而其所以言《易》者，遂遠於日用之實，類皆牽合委曲，偏主一事而言，無復包含該貫、曲暢旁通之妙。（《朱熹集》卷三十三，頁 1458～1459）

「竊疑卦爻之詞本為卜筮者斷吉凶」，這就意味著，朱熹逐漸離開程頤義理派

敢奉慶。……引領西望，徒切悵然。」束氏指出，尤袤並無除襄陽之事，其據楊萬里《誠齋集》卷一百二十〈雍國公神道碑〉：「（乾道七年）前、襄大將韓彥直、帥臣張棟請發兵。」又據《宋會要輯稿》第一八六冊，《兵》二九之二四云：「乾道七年六月二十九日，權知襄陽府張棟言……」因此，束景南確定，此信朱熹當是致書張棟，而為〈答張彥輔〉書。（語見《朱熹年譜長編》，頁 424～425）。

〔註6〕語見《朱熹集》卷八十三，〈跋蔡神與絕筆〉，頁4269。

易學之說，逐漸往象數易學走去。信中又謂：

> 若但如此，則聖人當時自可別作一書，明言義理，以詔後世，何用
> 假託卦象，爲此艱深隱晦之辭乎？故今欲凡讀一卦一爻，便如占筮
> 所得，虛心以求其詞義之所指，以爲吉凶可否之決，然後考其象之
> 所已然者，求其理之所以然者，然後推之於事，使上自王公，下至
> 民庶，所以修身治國皆有可用。私竊以爲如此求之，似得三聖之遺
> 意。…不審尊意以爲如何？（同上，頁 1459）

「考其象之所已然者，求其理之所以然者」，由所占得之象，求其所以然之理，
而後推諸其他。一改昔日既定觀念，而認爲《易》乃卜筮之辭，一時之間，
朱熹猶未能斬釘截鐵地大張己說，故而信中問及呂祖謙「不審尊意以爲如
何」？

　　實則，《易》之爲書，當年能躲過秦始皇之劫，就在於被視爲醫卜一類，
而未遭焚燬；自漢朝尊《易》爲儒家經典，加以兩漢讖緯之說的滲入，最初，
《易》爲卜筮之辭的事實，便被忽略了。自紹興年間，二十餘歲的朱熹，見
艾軒林光朝視《周易》爲卜筮之書以來，二人仍時常保持聯繫，互相交流想
法；乾道之際，朱熹已屆不惑之年，對此問題已逐漸明朗，他說：

> 《易》本爲卜筮之書，後人以爲止於卜筮。至王弼用老莊解，後人
> 便只以爲理，而不以爲卜筮，亦非。想當初伏羲畫卦之時，只是陽
> 爲吉，陰爲凶，無文字。某不敢說，竊意如此。（《朱子語類》卷六
> 十六，頁 1622）

繼而又謂：

> 後文王見其不可曉，故爲之作〈彖辭〉，或占得爻處不可曉，故周公
> 爲之作〈爻辭〉，又不可曉，故孔子爲之作〈十翼〉，皆解當初之意。
> 今人不看卦爻，而看〈繫辭〉，是猶不看〈刑統〉，而看〈刑統〉之〈序
> 例〉也，安能曉！今人須以卜筮之書看之，方得；不然，不可看《易》。
> 嘗見艾軒與南軒爭，而南軒不然其說。南軒亦不曉。（同上）

對於林光朝以《周易》爲卜筮之書的說法，張栻顯然無法認同，但朱熹已然
承認林氏之說。林、張二人意見相左，又見於《朱子語類》的記載：

> 林艾軒在行在，一日訪南軒，曰：「程先生《語錄》，某卻看得；《易
> 傳》，看不得。」南軒曰：「何故？」林曰：「《易》有象數，伊川皆
> 不言，何也？」南軒曰：「孔子說《易》不然。《易》曰：『公用射隼

于高墉之上，獲之無不利。』如以象言，則公是甚？射是甚？隼是
甚？高墉是甚？聖人止曰：『隼者，禽也；弓矢者，器也；射之者，
人也。君子藏器於身，待時而動，何不利之有！』」（《朱子語類》卷
一〇三，頁 2608）

推崇程頤《易傳》的張栻，終究未能接受艾軒以象數說《易》的事實。朱熹
也曾去信張栻，希望他能仔細思索象數易學；然道不同不相爲謀，就此易學
爭論，恐怕只能各自陳述，相互尊重。

朱熹肯定《易》爲卜筮之書的說法，旋即遭到眾多攻訐，他曾感慨道：

如《易》，某便說道聖人只是爲卜筮而作，不解有許多說話。但是此
說難向人道，人不肯信。向來諸公力來與某辨，某煞費氣力與他分
析。而今思之，只好不說。（《朱子語類》卷六十六，頁 1623）

歷來以程頤《易傳》爲宗的人們，顯然無法接受朱熹此「離經叛道」之舉，
面對批評聲浪紛至沓來之際，朱熹選擇給自己一段時間沈澱，以醞釀更爲圓
熟的看法。

淳熙三年十一月，朱熹考訂出時下所刻司馬溫公《潛虛》遺墨，竟爲贗
本，他在〈書張氏所刻潛虛圖後〉指陳其事：

近得泉州季思侍郎所刻，則首尾完具，遂無一字之闕。始復驚異，
以爲世果自有完書，而疑炳文（按：司馬溫公之婿，范仲彪炳文）
語或不可信。讀至剛行，遂釋然曰：「此贗本也。」……間又考炳文
之書，命圖之後，跋語之前，別有凡例二十六字，尤爲命圖之關紐。
而記占四十二字，注六字，又足以見占法之變焉。（《朱熹集》卷八
十一，頁 4176～4177）

能從占法上判別贗本，可見朱熹此時對於占法亦當有所研究。又朱熹在〈江
州重建濂溪先生書堂記〉中，亦表露其象數易學心跡：

然氣之運也，則有醇漓判合之不齊；人之稟也，則有清濁昏明之或
異。是以道之所以託於人而行於世者，惟天所畀，乃得與焉，決非
巧智果敢之私所能億度而強探也。〈河圖〉出而八卦畫，〈洛書〉呈
而九疇敘，而孔子於斯文之興喪，亦未嘗不推之於天。聖人於此，
其不我欺也審矣。（《朱熹集》卷七十八，頁 4074）

「〈河圖〉出而八卦畫，〈洛書〉呈而九疇敘」，〈河圖〉、〈洛書〉首次明確地
出現在朱熹行文中，這一年，宋孝宗淳熙四年，朱熹四十八歲。同年，朱熹

〈書麻衣心易後〉更傳達出對於陳摶、邵雍象數學的推崇：

　　《麻衣心易》項歲嘗略見之，固已疑其詞意凡近，不類一二百年前
　　文字。今得黃君所傳細讀之，益信所疑之不謬也。……所謂一陽生
　　於子月而應在卯月之類，乃術家之小數。所謂由破體煉之乃成全體，
　　則爐火之末技。……要必近年術數末流道聽塗說，掇拾老佛醫卜諸
　　說之陋者以成其書。而其所以託名於此人者，則以近世言象數者必
　　宗邵氏，而邵氏之學出於希夷，於是又求希夷之所敬，得所謂麻衣
　　者而託之。以爲若是，則凡出於邵氏之流者莫敢議已，而不自知其
　　說之陋不足以自附於陳、邵之間也。（《朱熹集》卷八十一，頁 4179）

就字裡行間所表達的詞意觀之，朱熹認爲《麻衣心易》乃近人僞作，託名於
麻衣道士，以期受到推崇陳摶、邵雍等象數學家的重視。文中所謂「術家之
小數」、「爐火之末技」，並非意味著朱熹鄙夷術數、煉養之學，而是認爲：僞
作《麻衣心易》者，其火候水準搆不上陳摶、邵雍之學。言下之意，朱熹對
於陳摶、邵雍之學的看重，遠非「掇拾老佛醫卜」以附於希夷、康節者所能
相比。

　　淳熙六年，初抵南康，戴師愈便帶著《麻衣心易》往謁朱熹，細讀之後，
朱熹指出該書僞作之況，作〈再跋麻衣易說後〉云：

　　後至其（按：指戴師愈）家，因復扣之，……而見其几間有所著雜
　　書一編，取而讀之，則其詞語氣象宛然《麻衣易》也。其間雜論細
　　事，亦多有不得其說，而公爲附託以欺人者。予以是始疑前時所料
　　三五十年以來人者，即是此老。既歸，亟取觀之，則最後跋語固其
　　所爲，而一書四人之文，體制規模乃出一手，然後始益深信所疑之
　　不妄。（《朱熹集》卷八十一，頁 4180～4181）〔註7〕

戴師愈，號玉溪子，隆興元年進士，授湘陰縣主簿。得以親自造訪戴氏之居，
果然讓朱熹更加確認，《麻衣易》乃戴師愈僞作。〈再跋麻衣易說後〉文末亦
提及：「吾病廢有年，乃復爲吏，然不爲他郡而獨來此，豈天固疾此書之妄而

〔註 7〕《朱子語類》所記可與此段參照觀之，云：「《麻衣易》乃是南康戴主簿作。
　　　某知南康時，尚見此人，已垂老，卻也讀書博記。一日訪之，見他案上有冊
　　　子，問是甚文字，渠云：『是某有見抄錄。』因借歸看，內中言語文勢，大率
　　　與《麻衣易》相似，已自捉破。又因問彼處人，《麻衣易》從何處傳來。皆云：
　　　『從前不曾見，只見戴主簿傳與人。』又可知矣。」（《朱子語類》卷六十七，
　　　頁 1681）

欲使我親究其實耶？」南康之任，朱熹不僅見出《麻衣易說》之僞，更廣泛
地接觸南康易學，他說：

> 向在南康見四家《易》。如劉居士變卦，每卦變爲六十四卦，卻是按
> 古。如周三教及劉虛谷，皆亂道。外更有戴主簿傳得《麻衣易》，乃
> 是戴公僞爲之。（《朱子語類》卷六十七，頁 1678）

除了雜揉術數的南康四家《易》，朱熹更得見程迥、郭雍以及程大昌三位象數
易學大家之作，往後的日子裡，朱熹便在與其相互切磋中，確立自己象數占
學的立場。

程迥，字可久，號沙隨，南宋著名易學家，陳振孫《直齋書錄解題》著
錄其《周易章句外編》一卷，云其「雜記占事尤詳」，朱熹有〈答程可久〉書
十通，主要以討論易說爲主。淳熙七年，程迥寄給朱熹自己的《古占法》、《周
易外編》、《圖義》等書，開始了書信往返就教的問答。

郭雍，字子和，號白雲先生，賜號沖晦處士，乃兼山郭忠孝之子。對於
郭雍的尊翁，朱熹於乾道年間《伊洛淵源錄》卷十四便曾提到：「忠孝所著《易》
書，專論互體卦變，與（程氏）《易傳》殊不同。」（《四庫全書》第四四八冊，
頁 526）繼承兼山家學的郭雍，重視卜筮揲蓍之說，曾辨析各家揲法，朱熹也
曾針對揲蓍象數之理，與郭雍進行討論。

程大昌，字泰之，朱熹主要與其切磋《尚書》之學。程大昌著有《易老
通言》，以老學說《易》，不爲朱熹所認可，然而，其《易原》一作，由於涉
及河圖洛書、象數揲蓍之說，這方面倒與朱熹不謀而合。

與程迥、郭雍、程大昌等人的反覆論辯，朱熹逐漸釐清自己的易學思想。
以下就「先天之學」、「河圖洛書」、「揲蓍變占」三方面談起，據以把握朱熹
醞釀易學觀點的脈絡。

（一）先天之學

朱熹曾去信程迥討論易學問題，信中對於程迥以老氏之說解《易》的觀
點，實未能贊同。朱熹說道：

> 太極之義，正謂理之極致耳。有是理即有是物，無先後次序之可言。
> 故曰「易有太極」，則是太極乃在陰陽之中，而非在陰陽之外也。……
> 故《易》曰「太極生兩儀」，而老子乃謂道先生一，而後一乃生二，
> 則其察理亦不精矣。老莊之言之失大抵類此，恐不足引以爲證也。
> （《朱子語類》卷三十七，〈答程可久〉，頁 1660）

朱熹認為，形而上下者，初不相離，太極乃在陰陽之中；老氏以道生一，一生二言之，顯然與朱熹的認知有別，故而，未能贊同主老氏之說的程迥。其次，朱熹對於程迥「兩儀爲〈乾〉〈坤〉之初爻，謂四象爲〈乾〉〈坤〉初、二相錯而成」之說，實未能苟同，其持論理由爲：

> 蓋方其爲兩儀，則未有四象也；方其爲四象，則未有八卦也，安得先有〈乾〉〈坤〉之名初、二之辨哉？妄意兩儀只可謂陰陽，四象乃可各加以太少之別，而其序亦當以太陽 ⚌、少陰 ⚎、少陽 ⚏、太陰 ⚏爲次。蓋所謂遞生而倍之者，……與邵氏〈先天圖〉合。此乃伏羲始畫八卦自然次序，非人私智所能安排，學《易》者不可不知也。（《朱熹集》卷三十七，〈答程可久〉，頁 1661）

當先有兩儀，而後有四象，繼之爲八卦；但，程迥卻認爲，「兩儀」便是〈乾〉〈坤〉兩卦的初爻，這顯然無法說服朱熹！程迥言「四象」，更以之爲〈乾〉〈坤〉初、二爻相錯而成，朱熹也不得不嘆道：沙隨先生「恐立言有未瑩者」。蓋〈乾〉〈坤〉作爲八經卦中的兩卦，乃在兩儀、四象形成之後；若按程迥之說，則〈乾〉卦與〈坤〉卦便能先兩儀而單獨存在，朱熹認爲，此極不合於理。

　　朱熹同程迥論辯的「兩儀四象」問題，實則，牽涉到對於「八卦生成之序」的看法不同。朱熹在給郭雍的書信中，便清楚地表達出自己的意見，他說：

> 「易有太極，是生兩儀。兩儀生四象，四象生八卦。」熹竊謂此一節乃孔子發明伏羲畫卦自然之形體次第，最爲切要，古今說者惟康節、明道二先生爲能知之。故康節之言曰：「一分爲二，二分爲四，四分爲八，八分爲十六，十六分爲三十二，三十二分爲六十四，……」而明道先生以爲加一倍法，……（《朱熹集》卷三十七，〈與郭沖晦〉，頁 1653～1654）

〈繫辭傳〉中的「易有太極，是生兩儀。兩儀生四象，四象生八卦」之句，朱熹解讀爲：是揭示伏羲畫卦的三道程序。首先，先畫出陽 ▬ 與陰 ▬ ▬，即爲「兩儀」；其次，陰陽兩畫相互重疊，遞成而爲太陽 ⚌、少陽 ⚏、少陰 ⚎、太陰 ⚏，即爲「四象」；繼而，在已成的「四象」符號中，依次加上陽畫與陰畫，則遞成而爲所謂「八卦」，即乾 ☰、兌 ☱、離 ☲、震 ☳、巽 ☴、坎 ☵、艮 ☶、坤 ☷。此言說層次，顯然來自邵雍「一分爲二，二分爲四，四分爲八」的說法。

對於程迥以〈乾〉〈坤〉兩卦的初爻爲「兩儀」，以〈乾〉〈坤〉初、二爻相錯而成者爲「四象」，朱熹似乎未能釋懷。淳熙十三年，在給王洽的信中，又一次提到：

> 太極、兩儀、四象、八卦者，伏羲畫卦之法也。〈說卦〉「天地定位」
> 至「坤以藏之」以前，伏羲所畫八卦之位也。「帝出乎震」以下，文
> 王即伏羲已成之卦而推其義類之詞也。……殊不知若論伏羲畫卦，
> 則六十四卦一時俱了，雖〈乾〉〈坤〉亦無能生諸卦之理。若如文王、
> 孔子之說，則縱橫曲直，反覆相生，無所不可。要在看得活絡，無
> 所拘泥，則無不通耳。（《朱熹集》卷五十四，頁 2730～2731）

至此，朱熹言八卦生成的意見，大抵可以確定下來，其以邵雍先天學爲言說基礎，並以之爲伏羲之《易》，則成定見。

（二）河圖洛書

〈河圖〉、〈洛書〉，人們眼中奇妙的數陣圖，〈繫辭傳上〉曾道：「河出圖，洛出書，聖人則之」（頁 594）。〔註8〕隨著漢代讖緯之說的盛行，〈河圖〉、〈洛書〉被籠上一層神秘的色彩；時至宋代，易學家們受到道教理論的激盪，〈河圖〉、〈洛書〉在易學領域中，逐漸受到重視，甚而從傳統的象數易學分衍出去，而獨立爲圖書學派。

宋代圖書學派，最初有兩系：一以劉牧《易數鉤隱圖》爲代表，以「九」爲〈河圖〉、以「十」爲〈洛書〉的主張，其授受淵源，可表示爲陳摶→种放→劉牧的傳承脈絡；然而，另外由陳摶、种放、穆修、李之才傳承而來者，以邵雍爲代表，主張以「十」爲〈河圖〉、以「九」爲〈洛書〉的說法，在朱熹《易學啓蒙》成書之後，更大大受到重視，自此，劉牧以「九」爲〈河圖〉、以「十」爲〈洛書〉之說，便逐漸趨於沈寂。

朱熹曾針對「河圖洛書」與程大昌交換意見，他說：

> 論雖以四十五者爲〈河圖〉，五十五者爲〈洛書〉，然序論之文多先
> 〈書〉而後〈圖〉。蓋必以五十五數爲體，而後四十五者之變可得而
> 推。又況《易傳》有「五十有五」之文，而〈洪範〉又有九位之數
> 耶？（《朱熹集》卷三十七，〈答程泰之〉，頁 1667）

此處貫徹了朱熹以「十」爲〈河圖〉、以「九」爲〈洛書〉的觀點。然而，朱

〔註 8〕 本文所引《周易》文字，乃據《十三經注疏分段標點》，（臺北市：新文豐出
版公司），2001。

熹在與郭雍討論「河圖洛書」問題時，卻碰了一鼻子灰，原因就在於，郭雍認爲〈河圖〉、〈洛書〉見於緯書，故不予論之。然而，朱熹仍不厭其煩地去信說解道：

> 「易有太極，是生兩儀。兩儀生四象，四象生八卦。」……蓋以〈河圖〉、〈洛書〉論之，太極者，虛其中之象也。兩儀者，陰陽奇耦之象也。四象者，〈河圖〉之一合六、二合七、三合八、四合九，〈洛書〉之一含九、二含八、三含七、四含六也。八卦者，〈河圖〉四正四隅之位，〈洛書〉四實四虛之數也。……以卦畫言之，……四象既立，則太陽居一而含九，少陰居二而含八，少陽居三而含七，太陰居四而含六。此六、七、八、九之數所由定也。（《朱熹集》卷三十七，〈與郭沖晦〉，頁1653～1654）

繼而又謂：

> 〈河圖〉、〈洛書〉蓋皆聖人所取以爲八卦者，而九疇亦并出焉。今以其象觀之，則虛其中者，所以爲《易》也；實其中者，所以爲〈洪範〉也。……恐不得以其出於緯書而略之也。（同上，頁1655）

朱熹把〈河圖〉、〈洛書〉與伏羲畫八卦聯繫起來談，並與〈洪範〉合而論之。蓋〈河圖〉、〈洛書〉以數理爲特殊表現形式，八卦以陰陽而見，五行又出於〈洪範〉所載，這麼一來，朱熹便把「八卦陰陽」與「五行」之說，在數理關係上，巧妙地聯繫起來。

（三）揲蓍變占

　　繼承兼山家學的郭雍，對於卜筮揲蓍之說，頗爲熟稔。朱熹曾就揲蓍一事，與郭雍進行易學討論，《朱子語類》中便曾記載道：

> 揲蓍雖是一小事，自孔子來千五百年，人都理會不得。唐時人說得雖有病痛，大體理會得是。近來說得太乖，自郭子和始。奇者，揲之餘爲奇；扐者，歸其餘扐於二指之中。今子和反以掛一爲奇，而以揲之餘爲扐；又不知用老少，只用三十六、三十二、二十八、二十四爲策數，以爲聖人從來只說陰陽，不曾說老少。不知他既無老少，則七八九六皆無用，又何以爲卦？（《語類》卷七十五，頁1917）

朱熹認爲，唐人對於揲蓍之說，雖有些小瑕疵，然，瑕不掩瑜，大體理會得是。問題就在於，郭雍的揲蓍法與唐人相去甚遠，一方面奇扐之說與唐人相

異，另方面只知陰陽，不語老少，無怪乎，朱熹不得不嘆道：「不知他既無老少，則七八九六皆無用，又何以爲卦？」繼而又謂：「且如揲蓍一事，可謂小小。只所見不明，便錯了。子和有《蓍卦辯疑》，說前人不是。不知〈疏〉中說得最備，只是有一二字錯。」(《朱子語類》卷六十七，頁1677)

淳熙十三年，朱熹五十七歲。有鑑於郭雍《蓍卦辯疑》之誤謬處，乃作〈蓍卦考誤〉一文以正之，二人在「揲蓍」意見上的相左，主要表現在兩方面：首先，便是對於「過揲數」與「掛扐數」的不同看法。〈蓍卦考誤〉中曾言：「爲此辨者未知掛扐之中奇偶方圓參兩進退之妙，是以必去掛扐之數而專用過揲之策，其說愈多而其法愈偏也。」(《朱熹集》卷六十六，頁3842)此說顯然針對郭雍而發。蓋郭雍主張廢「掛扐數」而採「過揲數」，乃是繼承兼山家學之風；就此問題，朱熹則傾向於肯定唐人說法，並指出郭氏說法之謬處：

> 掛也，奇也，扐也，《大傳》之文固各有所主矣。奇者殘零之謂，方著象兩之時，特掛其一，不得便謂之奇。……扐固左右兩揲之餘，然扐之爲義，乃指間勒物之處。故曰歸奇爲扐，言歸此餘數於指間也。今（按：指郭雍一類之說）直謂扐爲餘，則其曰歸奇於扐者，乃爲歸餘於餘，而不成文理矣。……郭氏承此爲說，而抵唐人不當以奇爲扐。……如若其說，以歸爲掛，以奇爲一，則爲名實俱亂。(同上，頁3483)

朱熹繼承唐人舊說，兼採「過揲數」與「掛扐數」，並獨出新意，從數理上，爲二者找到相應關係，他說：

> 蓋四十九者，著之全數也。以其全而揲之，則其前爲掛扐，其後爲過揲。以四乘掛扐之數，必得過揲之策。以四除過揲之策，必得掛扐之數。其自然之妙如牝牡之相銜，如符契之相合，可以相勝而不可以相無。(同上，頁3485)

除了「過揲數」與「掛扐數」的差異，朱熹與郭雍對揲蓍占學的另一不同點，表現在看待〈河圖〉、〈洛書〉與揲蓍之法的關係上。朱熹說道：

> 紀數之法，以約御繁，不以眾制寡。故先儒舊說專以多少決陰陽之老少，而過揲之數亦冥會焉，初非有異說也。然七八九六所以爲陰陽之老少者，其說又本於〈圖〉〈書〉，定於四象，……其歸奇之數亦因揲而得之耳。大抵〈河圖〉、〈洛書〉者，七八九六之祖也，……(《朱熹集》卷三十七，〈與郭沖晦〉，頁1653)

在朱熹的說解下，揲蓍之法與〈河圖〉、〈洛書〉在數理關係上相互契合。尤為特出的是，〈河圖〉、〈洛書〉雖曾吸引易學家的目光，然而，就連邵雍也未曾將〈河圖〉、〈洛書〉逕自與揲蓍之法相聯繫，從易數上找出其關係所在，就這一點觀之，朱熹此舉，更顯出其創見所在。

　　總的來說，隨著與同時代易學家展開交相論辯，朱熹逐漸釐清自己的易學方向。面對素來推崇的程頤《易傳》，和以數理見長的邵雍先天易學，衡酌再三，朱熹做了這樣的論斷：「《易傳》言理甚備，象數卻欠佳。」（《朱子語類》卷六十七，頁 1652）又說：「伊川《易傳》亦有未盡處。當時康節傳得數甚佳，卻輕之不問。」（《朱子語類》卷六十七，頁 1653）即便程頤教人從《易》中把握聖人、賢人之用，通曉其道理，然而，在朱熹看來，程頤解《易》「依舊是三百八十四爻，止做得三百八十四事用也。」（《朱子語類》卷六十七，頁 1652）

　　若謂程頤以理說《易》，邵雍借《易》言數，那麼，朱熹的推進，表現在確定程、邵所忽略的占筮意義上。朱熹曾提到：

> 《易》是卜筮。《經世》是推步，是一分為二，二分為四，四分為八，八分為十六，十六分為三十二，又從裏面細推去。（《朱子語類》卷一百，頁 2547）

朱熹以《易》為卜筮之書的看法，已然逐漸明朗。在程頤所確立的義理解《易》路子之外，由於邵雍先天之學的異彩，引領朱熹從數理角度出發，重新審度揲蓍占筮與〈河圖〉、〈洛書〉的關係，成就其象數占學的易學體系。朱熹曾針對自己與邵雍借《易》言數的不同，他說：

> 《易》中只有箇奇耦之數是自然底；「大衍之數」卻是用以揲蓍底。康節盡歸之數，所以二程不肯問他學。若是聖人用數，不過如「大衍之數」便是。……「聖人說數，說得簡略高遠疏闊。《易》中只有箇奇耦之數：天一地二，是自然底數也；『大衍之數』，是揲蓍之數也，惟此二者而已。康節卻盡歸之數，竊恐聖人必不為也。」（《朱子語類》卷六十七，頁 1649）

相較於邵雍將《易》盡歸於「數」，以成就其數學；朱熹則將《易》數分為「自然之數」與「揲蓍之數」，並從占筮立場以推數，最終仍是把《易》視為卜筮之書，而非數書。

三、肯定象占易學

　　乾道六年春，朱熹草成《太極圖說解》，至閏五月方修訂完成，那年，朱熹四十一歲。當時，朱熹對於〈太極圖〉的授受來源並不清楚，其說解周敦頤《太極圖說》，乃是依據程頤〈易傳序〉「體用一源，顯微無間」的觀念為指導原則，換言之，朱熹是以程頤之說來解讀周敦頤；再者，其理論體系中，「一分為二」的原則亦尚未完全建立，一直要到淳熙年間，朱熹將邵雍先天學引入其學說體系裡，方凸顯單靠《太極圖說》建立理論體系的不足。

　　當朱熹的目光從易學義理派轉移至圖書象數上，其所引起的訶責，旋即接踵而來。他以「無極」說解周敦頤的「太極」時，已經引起一陣軒然大波；而義理中人竟轉而走向圖書象數之學，更造成輿論沸騰。

　　淳熙十四年，朱熹五十八歲。這一年，朱熹與弟子黃榦便曾討論到「先天學」與「太極學」的問題，他說：

> 〈先天〉乃伏羲本圖，非康節所自作。雖無言語，而所該甚廣。凡今《易》中一字一義，無不自其中流出。〈太極〉卻是濂溪自作，發明《易》中大概綱領意思而已。故論其格局，則〈太極〉不如〈先天〉之大而詳；論其義理，則〈先天〉不如〈太極〉之精而約。蓋合下規模不同，而〈太極〉終在〈先天〉範圍之內，又不若彼之自然，不假思慮安排也。若以數言之，則〈先天〉之數自一而二，自二而四，自四而八，以為八卦；〈太極〉之數亦自一而二，自二而四。遂加其一，以為五行，而遂下及於萬物。蓋物理本同而象數亦無二致，但推得有大小詳略耳。（《朱熹集》卷四十六，〈答黃直卿〉，頁2253～2254）

先天學不假安排，自然天成；太極學義理精約，乃濂溪自出機杼。在朱熹看來，周、邵之學「物理本同而象數亦無二致」，只是推說過程中，有其大小詳略之別。然則，先天之數「自一而二，自二而四，自四而八，以為八卦」，而太極之數「自一而二，自二而四。遂加其一，以為五行，而遂下及於萬物」，就數理關係而言，兩者仍有些微出入，不盡相合。因此，如何綰合周敦頤之說，以納入邵雍加一倍法的先天《易》數框架當中，乃朱熹必須解決的燙手山芋。

　　同樣是淳熙十四年，對於周敦頤太極之「理」與邵雍先天之「數」的問題，朱熹再一次對黃榦提到：

所論太極散爲萬物，而萬物各具太極，見得道不可須臾離之意，而
與一貫之指、川上之歎、萬物皆備之說相合，學者當體此意，……
但周子之意若只如此，則當時只說一句足矣，何用更說許多陰陽、
五行、中正、仁義及《通書》一部種種諸說耶？蓋既曰各具太極，
則此處便又有陰陽五行許多道理，須要隨處一一盡得。如〈先天〉
之說，亦是太極散爲六十四卦，三百八十四爻。而一卦一爻莫不具
一太極，其各具一太極處又便有許多道理，須要隨處盡得，皆不但
爲塊然自守之計而已也。(《朱熹集》卷四十六，〈答黃直卿〉，頁 2255)

朱熹認爲，周敦頤若只是言太極之理，又何須更說陰陽、五行等種種！根據
「理一分殊」之說，此陰陽五行又各具道理，須一一盡得。朱熹進而以之與
邵雍先天學相聯繫，認爲六十四卦、三百八十四爻皆具一太極，猶須隨處盡
得其理。誠然，最初建構理論體系時，朱熹將關注焦點放在「理一」上，但
隨著時間的沈澱，言說不足之處，逐漸一一浮現。淳熙年間，朱熹也意識到：
必須從「分殊」部分補強學說的完整性！於是，淳熙十四年前後，陸續完成
的《易學啓蒙》、《通書注》與《周易本義》，加上先前的《太極圖說解》，朱
熹總算獲致了聯繫周敦頤「太極」學與邵雍「先天」學的成果。

　　有鑑於程頤易學專講義理，卻對象數全然闊略的遺憾，朱熹轉而向邵雍
處吸取養分；然而，邵雍從未提及「無極而太極」，這對有意聯繫周、邵「太
極」學與「先天」學的朱熹而言，實未能滿意。對此，朱熹曾說道：

康節之學，不似濂溪二程。康節愛說箇循環底道理，不似濂溪二程
說得活。如「無極而太極，太極本無極」；「體用一源，顯微無間」，
康節無此說。

某嘗謂康節之學與周子程子所說小有不同。康節於那陰陽相接處看
得分曉，故多舉此處爲說；不似周子說「無極而太極」，與「五行一
陰陽，陰陽一太極」，如此周遍。(《朱子語類》卷七十一，頁 1794)

這個問題，朱熹在《易學啓蒙》中，把邵雍所言「〈坤〉、〈復〉之間爲無極」
與周敦頤「無極而太極」逕自聯繫在一起，從而彌補了邵雍不言「無極而太
極」的空缺。

　　其次，必須解決的，便是數理關係上，太極學與先天學「物理本同而象
數亦無二致」的問題。朱熹在談論《通書·師》時，曾經提到：

周子止說到五行住，其理亦只消如此，自多說不得。包括萬有，舉

歸於此。康節卻推到八卦。太陽、太陰，少陽、少陰。太陽、太陰
各有一陰一陽，少陽、少陰亦有一陰一陽，是分爲八卦也。（《朱子
語類》卷九十四，頁2399）

又，其於談論《通書‧樂》也曾說：「邵康節須是二四六八，周子只是二四中
添一上爲五行。如剛柔善惡，又添中於其間，周子之說也。」（同上，頁2405）
表述爲「一→二→四→八」加一倍法的邵雍先天學模式，與周敦頤表述爲
「一→二→五」太極學模式，朱熹在「四」與「五」這一組數字關係上，巧
作安排，竟也強加言說，硬是把兩者說成「理」本一致，只是「數」的推說
上，有詳略之別而已。

淳熙十五年，朱熹五十九歲。這一年，朱熹完成《周易本義》。他曾去信
蔡元定，告知《周易本義》寫作情況，云：「本義已略具備。覺取象之說不明，
不甚快人意耳。」（《朱熹集》續集卷二，〈答蔡季通〉，頁5176）本義，乃《易》
之本義，直指《易》作爲卜筮之書的「本義」。朱熹所探討的《易》之「本義」，
可從其與弟子的對話中，一窺究竟。董銖曾問：程氏《易》以〈乾〉之初九
爲舜側微時，九二爲舜佃漁時，九三爲「玄德升聞」時，九四爲歷試時，此
說何以見得？朱熹回答道：

此是推說爻〈象〉之意，非本指也。讀《易》若通得本指後，便儘
說去，儘有道理可言。（《朱子語類》卷六十八，頁1695）

董銖繼而又問，何謂「本指」？朱熹答道：

《易》本因卜筮而有象，因象而有占，占辭中便有道理。如筮得〈乾〉
之初九，初陽在下，未可施用，其象爲潛龍，其占曰「勿用」。凡遇
〈乾〉而得此爻者，當觀此象而玩其占，隱晦而勿用可也。它皆做此，
此《易》之本本指也。蓋潛龍則勿用，此便是道理。故聖人爲〈彖辭〉、
〈象辭〉、〈文言〉，節節推去，無限道理。此程《易》所以推說得無
窮，然非《易》本義也。先通得《易》本指後，道理儘無窮，推說不
妨。若便以所推說者去解《易》，則失《易》之本指矣。（同上）

朱熹認爲，《易》本卜筮之書，觀其象，玩其占，方得《易》之本指；倘若如
程頤言《易》，終究只是推說之理，將三百八十四爻，說成三百八十四件事而
已。朱熹所要探求的，並非一一個別存在的事理，而是當中所蘊含的普遍之
理，如此一來，把《易》視爲象占之學，更能符合其言說要求。

朱熹在與弟子的交談中，便曾指出《易》爲象占之學的基本立場。當沈

偋問道：「《易傳‧乾卦》引舜事以證之。當初若逐卦引得這般事來證，大好看。」（《朱子語類》卷六十八，頁 1695）朱熹仔細思量後，答曰：

> 《經解》說「潔淨精微，《易》之教也」，不知是誰做，伊川卻不以爲然。據某看，此語自說得好。蓋《易》之書，誠然是「潔淨精微」。他那句語都是懸空說在這裏，都不犯手。如伊川說得都犯手勢，引舜來做〈乾〉卦，〈乾〉又那裏有箇舜來！當初聖人作《易》，又何嘗說〈乾〉是舜。他只是懸空說在這裏，都被人說得來事多，失了他「潔淨精微」之意。《易》只是說箇象是如此，何嘗有實事。如《春秋》便句句是實。如言「公即位」，便眞箇有箇公即位；如言「子弒父，臣弒君」，便眞箇是有此事。《易》何嘗如此，不過只是因畫以明象，因數以推數，因這象數，便推箇吉凶以示人而已，都無後來許多勞攘說話。（同上，頁 1695～1696）

「《易》只是說箇象是如此，何嘗有實事」！在朱熹看來，《易》乃象占之學，必須從卦爻等象徵符號入手，即象以求理，方能「潔淨精微」地把握普遍之理，而非侷促一隅的個別說解。至此，可以瞭解到：當朱熹把《易》視爲卜筮之書，並未因此把《易》推入深沈的迷信色彩裡；相反地，肯定《易》乃象占之學，更凸顯了藉陰陽符號以運思的意象思維模式，或更進一步說是——易象思維模式。

總的來說，當朱熹師事武夷三先生時，透過劉勉之與胡憲，便曾接觸到譙定「象學」之說，只不過，年少朱熹猶固守程頤義理派易學園地，甚至對林光朝以《周易》爲卜筮之說，驚爲怪誕之語。然而，隨著時間的推移，聞見的增廣，當初象數易學的種子，逐漸在朱熹心中萌芽、茁壯，開展出一片豐富繽紛的景象。

淳熙三年，朱熹四十七歲，對於《易》爲卜筮之書的看法，竟有了天壤之別的認知！他開始意識到：當初林光朝之語，誠爲別具卓見。從意識到問題的存在，到確認該說法的成立，這期間，約莫又經過十年之久。朱熹逐漸沈澱自己的易學方向，走出異於程頤的義理派易學路子，並從邵雍先天數學處吸取養分，建立自己「理——數——象——占」鎔鑄一體的易學體系。至此，朱熹終於可以確認《易》之「本義」：1、《易》爲卜筮之書，且揲蓍變占與〈河圖〉、〈洛書〉間，存在著微妙的數理關係；2、《易》爲象占之學，藉由陰陽象徵符號以運思，展現易象思維模式，以體現普遍存在之理。

第五章　朱熹醫易會通基礎

　　理論學說的形成，可以從概念、命題等具體理論層次觀之，也可以從基本思想，甚至思維方法進一步把握；其中，思維方法乃是認識事物、分析事物、運用推理的高層次理論探討，對於不同學科的研究，一旦被提到思維方法層次來討論時，原屬不同領域的區別，便消融於無形。本文處理「朱熹醫易會通基礎」，表現在思維方法層次上，乃是肯定「象數思維」的重要性。以下，將從象數學談起，繼而瞭解醫易象數學的理論相通，最後點出象數思維的內涵。

第一節　象數與象數學

　　在討論象數思維之前，本節先對「象數」與「象數學」作一界說。首先，對「象數」一詞，得先釐清其一般用法與易學用法的區別；有此認識之後，進一步討論「象數學」的基本內涵。

一、象　數

（一）一般意義的象數

　　「象數」一詞，由「象」與「數」兩個名詞並列而成。最早將「象」、「數」聯繫言之者，見於《左傳》僖公十五年的記載，其言曰：「龜，象也；筮，數也。物生而後有象，象而後有滋，滋而後有數。」[註1] 由此可知，一般意義的「象數」，乃是就形象與度量而言。隋代蕭吉《五行大義‧序》進一步闡述道：

〔註 1〕楊伯峻編著：《春秋左傳注》，復文圖書出版社，民國 80 年，頁 365。

龜則爲象，故以日爲五行之元；筮則爲數，故以辰爲五行之主。若
夫參辰伏見、日月盈虧、雷動虹出、雲行雨施，此天之象也；二十
八舍、內外諸官、七曜三光、星分歲次，此天之數也；山川水陸、
高下平汙、嶽鎮河通、風迴露蒸，此地之象也；八極四海、三江五
湖、九州百郡、千里萬頃，此地之數也；禮以節事、樂以和心、爵
表章旗、刑用革善，此人之象也；百官以治、萬人以立、四教脩文、
七德閱武，此人之數也。〔註2〕

蕭吉從天、地、人三才談論「象數」，含括了天地萬物所展現的形象與度量，
相較於《左傳》之語，範圍更爲廣泛。誠如邵雍所言：「象起於形數，起於質
名，起於言意，起於用天下之數」（《皇極經世・觀物外篇》，頁 342），「象」
指的是有形之物的可見形象，「數」指的是有形之物的孳乳繁衍。

然而，象數起自何時？對此，明代醫家張景岳曾經說道：

體象之道，自無而有者也。無者先天之氣，有者後天之形。……無
聲無臭者先天，有體有象者後天。先天者太極之一氣，後天者兩儀
之陰陽，陰陽分而天地立，是爲體象之祖，而物之最大者也。（《類
經圖翼・運氣上》，《四庫全書》第七七六冊，頁 690）

太極本無極，無極即太極，象數未形而理已具，萬物所生之化原。…
太極動而生陽，靜而生陰；天生於動，地生於靜……一動一靜，互
爲其根，分陰分陽，兩儀立焉。是爲有象之始，因形以寓氣，因氣
以化神，而爲後天體象之祖也。（《類經附翼・醫易》，《四庫全書》
第七七六冊，頁 962）

「體象之道，自無而有」，先天之氣，無聲無臭，象數未形而理已具；後天之
形，有體有象，得以爲人所感知。張景岳認爲，太極動而生陽，靜而生陰，
陰陽既成，乃爲象之始。

總的來說，一般意義的「象數」，乃是就有形之物的表現形式言「象」，
就事物發展過程的度量言「數」。

（二）易學意義的象數

高亨曾對《周易》的「象數」之說，提出他的看法，他說：

何謂象數？簡言之，象有兩種：一曰卦象，包括卦位，即八卦與六

〔註2〕蕭吉：《五行大義》，中華書局，民國 74 年，第一冊，頁 1。

十四卦所象之事物及其位置關係。二曰爻象，即陰陽兩爻所象之事
物。數有兩種：一曰陰陽數，如奇數爲陽數，偶數爲陰數等是。二
曰爻數，即爻位，以爻之位次表明事物之位置關係。〔註3〕

《周易》所謂的「象數」，乃是就《周易》卦爻所展現的卦象、爻象、陰陽數、
爻數而言。每個卦爻，都代表著一系列生命象數，藉由象徵性符號，展現生
機躍如的大千世界。因此，言「象」，予人具體可感的形象把握；言「數」，
則予人度量次序的規律探索。

　　易學意義的「象數」，並不等同於客觀事物的直觀形象、度量，是藉由卦
爻符號呈現其象數關係。從經驗世界出發，觀物取象，形之於象、數，除了
表現爲卦爻形式之外，〈九宮圖〉數、〈河圖〉、〈洛書〉、〈先後天八卦方位圖〉、
〈太極圖〉、五行生成數、干支甲子等，同樣可以納入易學意義的「象數」來
談。清黃宗羲《易學象數論》便曾提到：

　　　前三卷論〈河圖〉、〈洛書〉、先天方位、納甲、納音、月建、卦氣、
　　　卦變、互卦、筮法、占法，而附以所著〈原象〉爲內篇，皆象也；
　　　後三卷論〈太元〉、〈乾鑿度〉、〈元苞〉、〈潛虛〉、〈洞極〉、〈洪範〉
　　　數、〈皇極〉數以及六壬、太乙、遁甲爲外篇，皆數也。（《四庫全書》
　　　第四十冊，頁1〜2）

太乙、遁甲、六壬等說，本與易學無涉，自漢代以降，方被納入易學領域中。

　　對於「象數」作了以上分述之後，有鑑於本論文討論需要，將集中於易
學意義的象數來談，除了卦爻象數等《周易》固有象數之說，亦將涉及〈河
圖〉、〈洛書〉、先天之學等內容。

二、象數學

　　何謂「象數學」？顧名思義，乃是指研究象數的學說。然而，僅是如此，
尚未能點明象數學的內容。既以「象數」爲研究對象，「象數學」有必要說明
象數之理，及其支配天地萬物的情況。

　　客觀存在的具體事物，固有其形象、度量；然而，無形無象的「氣」，是
否亦屬於形而下之器？對此，朱熹曾說道：

　　　天地之間，有理有氣。理也者，形而上之道也，生物之本也。氣也
　　　者，形而下之器也，生物之具也。是以人物之生，必稟此理然後有

〔註3〕高亨：《周易大傳今注》卷首，齊魯書社，1998年，頁12。

性，必稟此氣然後有形。其性其形雖不外乎一身，然其道器之間，

分際甚明，不可亂也。(《朱熹集》卷五十八〈答黃道夫〉，頁 2947）

氣雖無聲無臭、無有形象，然其凝聚而爲有形之物，乃生物之具也，亦屬形而下之器。形而上之「理」，以其無形，故因象以明理，然則，一旦具而成形，則形而上、下不復支離分說。

黃宗羲從事物變化規律談「理」之時，曾經提到：

天地間只有一氣，其升降往來，即理也。……氣若不能自主宰，何以春而必夏，必秋，必冬哉！草木之榮枯，寒暑之運行，地理之剛柔，象緯之順逆，人物之生化，夫孰使之哉！皆氣之自爲主宰也。

以其能主宰，故名之曰理。(《明儒學案‧崇仁學案》，卷三，頁 11）

天地蒼冥，自有一氣升降往來，四時流轉遞嬗，生命於此規律當中盡呈紛然樣貌，生生不息。由此觀之，象數學所要探討的象數之理，實離不開「氣」的範疇。作爲屬性、規律意義的「理」，畢竟是抽象的，要如何爲人所感知，實有賴形而下的象數之具。

形而上、抽象之「理」，猶待象數具體呈現，方能爲人所把握；無形無象的「氣」，雖爲形而下者，卻也需透過象數才能被認識。因此，所謂「象數學」，乃是以理、氣、象、數爲四大支柱，四平八穩地奠定象數學之基。

時至宋代，象數學（尤其是易學象數學）進入另一發展新境。〈河圖〉、〈洛書〉、〈先天圖〉、〈太極圖〉時興於當世，蔚爲圖書象數學派。學宗程氏的朱熹，在義理易學路子上，亦肯定象數之學，其《周易本義》更將〈河圖〉、〈洛書〉、〈伏羲八卦次序〉、〈文王八卦次序〉等九圖列於該書之首，論及當代與後世，據《易》圖以言說者之多，更不在話下。必須分別的是，漢代象數易學之說，主要據《周易》卦爻之象引伸、發揮；宋代象數易學，則從〈河圖〉、〈洛書〉等圖式言《易》，此其大較。

既以「氣」爲象數學的內涵之一，則宋代氣論思想，亦堪稱易學象數學的又一傑出表現。西周末年以至春秋時期，陰陽、五行分別由普通觀念的發展，而進入哲學範疇，千百年以下，宋人對於「氣」的研究，更是投以高度關注，北宋張載、二程，南宋朱熹等人，其言說之充實，堪爲箇中翹楚。

總的來說，理、氣、象、數乃象數學主要內容，按象數學的說法，理與氣需要透過象數，藉由可知可感的形象與度量，把握抽象之理、無形之氣。

第二節　醫易象數學

象數學以理、氣、象、數爲主要內容，通過事物的象與數，推究其生成、存在、以及變化原理。易學中本有象數之說，而中國醫學理論亦得象數學的滋潤，豐厚其理論體系。

實則，中醫理論的建立，一部分來自於長時期觀察經驗的累積，如《靈樞·順氣一日分爲四時》云：「夫百病之所始生者，必起于燥濕寒暑風雨。」（《靈樞》卷七，頁4）此外，援引其他學科中的既有概念、命題、甚至學說，亦爲中醫學開展豐富的理論園地，例如易學所言陰陽變化之道、以及傳統五行之說，甚至天人合一思想，都從不同層面提供醫學理論養分。

從象數學角度探討傳統醫學時，同樣可從理、氣、象、數一一把握。首先，就「象」與「數」談起，《靈樞·邪客》有云：

> 天圓地方，人頭圓足方以應之；天有日月，人有兩目；地有九州，
> 人有九竅；天有風雨，人有喜怒；天有雷電，人有音聲；天有四時，
> 人有四肢；天有五音，人有五藏；天有六律，人有六府；天有冬夏，
> 人有寒熱；天有十日，人有手十指；辰有十二，人有足十指、莖垂
> 以應之，女子不足二節，以抱人形；天有陰陽，人有夫妻；歲有三
> 百六十五日，人有三百六十節。地有高山，人有肩膝；地有深谷，
> 人有腋膕；地有十二經水，人有十二經脈；地有泉脈，人有衛氣；
> 地有草蓂，人有毫毛。天有晝夜，人有臥起；天有列星，人有牙齒；
> 地有小山，人有小節；地有山石，人有高骨；地有林木，人有募筋；
> 地有聚邑，人有䐃肉；歲有十二月，人有十二節；地有四時不生草，
> 人有無子。此人與天地相應者也。（《靈樞》卷十，頁8）

《靈樞》此語乃是就天人之間的相應而言，「象以類同」，故天圓地方，對應人的圓顱方趾；天有日月，對應人的雙眼，如此云云。同樣地，「數以值同」，故地有九州，對應人有九竅；天有五音，對應人有五臟；歲有三百六十五日，對應人有三百六十五節，諸如此類，不一而足。嚴格說來，《靈樞·邪客》這段文字，尚不足以稱爲嚴謹的醫學理論，畢竟，訴諸於比附關係的類同、值同之象數，猶須提升到「理」的層次，方具有深刻的醫學理論意義。

其次，就「氣」的角度而言，《內經》認爲，人本身具有陰陽五行之氣，而人體五行之氣，便是「五臟」之氣，換言之，天地「五行」於人則爲「五臟」：木爲肝、火爲心、土爲脾、金爲肺、水爲腎。《內經》對於五臟之氣曾

提到：

> 天有四時五行，以生長收藏，以生寒暑燥濕風。人有五藏化五氣，
> 以生喜怒悲憂恐。故喜怒傷氣，寒暑傷形；暴怒傷陰，暴喜傷陽。……
> 喜怒不節，寒暑過度，生乃不固。故重陰必陽，重陽必陰。故曰：
> 冬傷于寒，春必病溫；春傷于風，夏生飧泄；夏傷于暑，秋必痎瘧；
> 秋傷于濕，冬生咳嗽。(《素問·陰陽應象大論》卷一，頁 21)

此就天人之氣相應而言。天有四時，卻以生寒暑燥濕風，乃因五行中，「火」
有君相之分，合而言之，則謂：春屬木，主生，生風；夏屬火，主長，生暑；
長夏屬土，主土，生濕；秋屬金，主收，生燥；冬屬水，主藏，生風。喜怒
悲憂恐，人五臟之氣，蓋氣為陽，血為陰，肝藏血，心藏神。暴怒，大動肝
火，肝氣逆而血亂，故傷陰；暴喜，則心氣緩而神逸，故傷陽。

除了五臟之氣，《內經》中也提到「陰陽之氣」，時而指營衛之氣，或指
臟腑之氣，抑或經脈之氣，而較多情況，用以指三陰三陽之氣。總的來說，
人身之陰陽五行，對應著天地陰陽五行的變化規律，天人相應，並非僅是比
附關係而已。

最後，就「理」的角度來談。誠如前文所言，倘若天與人之相應，只表
現在「象」的類同、「數」的值同，猶不免流於牽強比附，此處從內在原理之
相關著手，更具理論說服力。中國醫學經典《內經》有云：

> 人與天地相參也，與日月相應也。故月滿則海水西盛，人血氣積，
> 肌肉充，皮膚緻，毛髮堅，腠理郁……至其月郭空，則海水束盛，
> 人氣血虛，其衛氣去，形獨居，肌肉減皮膚縱，腠理開，毛髮殘，
> 膲理薄，煙垢落。(《靈樞·歲露》卷十二，頁 5)

月圓之時，海水西盛，人體相應於自然變化，表現為血氣充積，肌肉厚實，
皮膚光滑緊緻等，此相較於上引《靈樞·邪客》比附之語，更顯天人同步的
相應關係。

此外，《內經》也就自然界陰陽之氣的差異，說明人體本身功能的生理性
差異，其文曰：

> 天不足西北，故西北方陰也，而人右耳目不如左明也；地不滿東南，
> 故東南方陽也，而人左手足不如右強也……東方陽也，陽者其精并
> 於上，并於上則上明而下虛，故使耳目聰明而手足不便也。西方陰
> 也，陰者其精并於下，并於下則下盛而上虛，故使耳目不聰明而手

足便也。(《素問・陰陽應象大論》卷一，頁 26)

《周禮・大司徒》疏，引《河圖・括地象》云：「天不足西北，地不滿東南。」此乃古代蓋天說之內容。就中國本身的地理現象而言，西北方較爲寒冷，可說陰寒有餘，而陽熱不足，故謂之「天不足西北」；東南方較爲溫暖，陽熱有餘，而陰寒不足，故謂之「地不滿東南」。就人身而言，耳目屬陽，手足屬陰；配之以方位，東南於人爲左，西北於人爲右。「地不滿東南」，地屬陰，於人言手足之說，意味著：人的左手足不如右手足強；「天不足西北」，天屬陽，於人言耳目之說，意味著：耳目之左明於右。以此觀之，則天人相應之說，又較單純比附之語更進一步。

又《靈樞・癰疽》云：「經脈留行不止，與天同度，與地合紀……血脈營衛，周流不休，上應星宿，下應經數。」(《靈樞》卷十二，頁 8～9)《素問・三部九候論》云：「上應天光星辰歷紀，下副四時五行，貴賤更互，冬陰夏陽，以人應之。」(《素問》卷三，頁 1)皆指出人體機能狀態與天地的變化規律相應合。倘若仔細觀察，不難發現，《內經》論述天人相應之理時，常就臟腑、經脈、氣血角度來談，《靈樞・經別》有云：

> 余聞人之合于天道也，內有五藏，以應五音、五色、五時、五味、五位也；外有六府，以應六律；六律建陰陽諸經，而合之十二月、十二辰、十二節、十二經水、十二時、十二經脈者，此五藏六府之所以應天道。(《靈樞》卷三，頁 10)

《靈樞・本藏》也說：「五藏者，所以參天地，副陰陽，而連四時，化五節者也。」(《靈樞》卷七，頁 8)因此，五臟在天人相應中的特殊地位，相當值得注意。傳統五行學說於醫學理論的影響，或可從中醫對五臟的特殊關注，窺見端倪。

中國傳統醫學吸收天人合一思想，在初具醫學理論體系的《黃帝內經》中，常表述爲「天人相應」或「天人相參」，若謂類同、值同的「象」與「數」關係，尚停留在比附之說上，那麼，探討運動變化所蘊含之「理」，顯然具有更爲深刻的醫學理論意義。然而，抽象之理，終究得透過一定的象數關係來表現，因此，捨棄象數這一客觀基礎，很難具體闡述天人之間的相應規律。

自明代以後，醫家更加強調天人之「理」一致，孫一奎《醫旨緒餘》中便提到：「天地萬物之理，悉備於我矣。」(《四庫全書》第七六六冊，頁 1081)張介賓《類經附翼・醫易》也說：「故曰天人一理者，一此陰陽也……天之氣

即人之氣，人之體即天之體⋯⋯人身小天地，眞無一毫之相間矣。」（《四庫全書》第七七六冊，頁961）

綜上所述，醫家除了觀察體驗所得，尚可吸收其他學科之說，以豐富本身學說體系。《周易》「同類相應」觀念，和中醫觀象之說若合符節；易學陰陽變化之道，與醫家重視陰陽之說相契合；易學三才之道的整體觀念，乃醫家歷來天人一體觀之的態度。因此，在原有經驗醫學無法探觸之領域，易學適足以提供一套理論模式，對醫學起著指導作用，這也意味著：援《易》而入醫學領域之說者，可能一開始便以成熟理論樣貌呈現，先驗地指導臨床醫學。

但先驗理論模式，有時卻與經驗事實不盡相符，例如傳統醫學中的五臟理論，心爲赤色，其氣治於表；腎爲黑色，其氣治於裡；肝爲青色，其氣行於左；肺爲白色，其氣行於右；脾爲黃色，其氣爲之使。其以五臟配五行，乃就屬性關係論之，證之以實際經驗，五臟顏色、氣行部分是否全然如此，尚有待商榷。

在整個文化環境裡，醫學未能脫離其他學說思想，而獨自封閉地存在著。因此，處在宋明理學思潮中的傳統醫學，也必然對此主流思想有所接觸、吸收，甚而轉化爲理論養分；而歷經時間淬練、淘洗，尚能保留下來的天人合一思想、陰陽五行學說、九宮圖書之學，同樣地，亦在醫學領域中繼續綻放光芒，保持其影響力。

醫學與易學在理、氣、象、數等基礎上，開展會通之可能，唐代醫家孫思邈便曾提到：

> 凡欲爲大醫，必須諳《素問》、《甲乙》、《黃帝內經》⋯⋯又須妙解陰陽祿合、諸家相法、及灼龜五兆、《周易》、六壬，并須精熟，如此乃得大醫⋯⋯至於五行休王、七耀天文，并須探賾，若能具而學之，則於醫道無所滯礙，盡善盡美矣。（《千金藥方・大醫習業》，《古今圖書集成》第四十六冊，頁5488）

明代醫家張介賓也說：

> 《易》者，易也，具陰陽動靜之妙；醫者，意也，合陰陽消長之機。雖陰陽已備於《內經》，而變化莫大乎《周易》。故曰天人一理者，一此陰陽也；醫易同原者，同此變化也。豈非醫易相通，理無二致，可以醫而不知《易》乎？（《類經附翼・醫易》，《四庫全書》第七七

六冊，頁 961）

中醫學與易學，除了具體學說理論的相關，基本思想的相通，猶可從思維方法層面來把握二者間的相通，爲醫、易會通開展不同的討論層次。

第三節　象數思維

　　任何一種理論或學說，都至少包括由淺到深的三個層次：具體理論層次、基本思想層次、思維方法層次。

　　具體理論層次，乃藉由概念（詞語）、命題（語句）或原理組成，爲理論或學說的最表層意義；基本思想層次，相較於具體理論，更具普遍性、概括性，甚而，多種不同具體理論，可以統攝在同一基本思想中，例如天人相應、類從感應等，均屬基本思想層次；思維方法層次，則指分析事物、認識事物、進行推理的方法，較之於具體理論與基本思想，更具抽象性，也更具普遍性。

　　當理論或學說被提至思維方法層次時，原先分屬不同學科的差異，於焉消解，不復存在，只保留分析事物、認識事物，以及推理方法的部分。本節處理「象數思維」問題，主要從《周易》思維方法談起，以下，分就形象思維、直觀思維、邏輯思維、辯證思維說明之。

一、形象思維

　　〈繫辭傳〉有云：「書不盡言，言不盡意。然則聖人之意，其不可見乎？子曰：聖人立象以盡意」（頁 596）。一般而言，表達概念意義常以語言文字爲載體，傳達意中所示；然而，「言」與「意」之間，卻只是間接關係，對此，王弼有一段論及「意」、「象」、「言」之說值得參考，他說：

> 夫象者，出意者也。言者，明象者也。盡意莫若象，盡象莫若言。言生於象，故可尋言以觀象；象生於意，故可尋象以觀意。言以象盡，象以言著，故言者所以明象，得象而忘言；象者，所以存意，得意以忘象。（《周易略例・明象》，《王弼集》，頁 609）

《周易》可以分成以卦爻象爲主的符號系統，以及文字爲主的闡述。然而，「言」之所以無法盡「意」，就在於：一沾著語言，反而受到文字語言的侷限束縛，不如唯變所適的「象」來得靈動豐富。於此不難瞭解，形象思維乃是《周易》思維特色所在。

　　對於《周易》形象思維，張其成提出他的看法：

> 《周易》之形象思維，不是以自然界及人類社會具體事物的形象爲
> 思維媒介，而是以卦象、爻象爲思維媒介。卦象是《周易》思維的
> 放射源，而一般形象思維則以物象爲思維性放射源。《周易》形象思
> 維不同於藝術形象思維，後者之「象」有強烈的情感因素，是直接
> 表現型態、動作的活生生的藝術形象；而前者之「象」則是經過抽
> 象、整飾的「卦象」，以客觀、冷靜、系統反映對象爲特色，表現事
> 物運動的軌跡與內在聯繫。〔註4〕

張氏認爲，《周易》所言之形象，乃是就卦象、爻象而言，這種經過抽象處理
過程的「卦象」，相較於藝術形象，能夠除卻強烈情感因素，以較爲客觀、冷
靜的態度反映對象；可以說，《周易》形象思維正是以卦爻之象爲媒介，開展
思維活動。

　　《周易》以卦爻之象開展思維活動，傅雲龍、柴尚金對此亦持抱持肯定
態度，他們進一步說道：

> 《周易》除了以畫卦、卦序及其演變象徵事物及其規律外，還用卦
> 辭、爻辭的意境象徵事物之間的本質聯繫。雖然，卦畫、卦爻辭比
> 擬的事物和聯繫往往缺乏科學根據，是主觀上的想像附會。但是，
> 我們不能苛求古人，應肯定這種直觀的感性認識已經形成一種固定
> 思維模式，……《周易》象數學中的八卦先天圖、後天圖、洛書圖、
> 六十四卦方位圖、圓圖、方圖、太極圖、無極圖等等，都是運用陰
> 陽符號組成的圖象表現思維。這些圖象都是古代人們思維的載體。
> 〔註5〕

傅、柴《周易》「唯象思維」之說，亦即「形象思維」。卦爻象固然是《易》
象思維的基礎，而二氏的著眼點，又旁及卦爻辭的意境，和後來所謂圖書之
說，究其根本，仍是從陰陽之象闡發推衍而來。

二、直觀思維

　　《周易》直觀思維與一般直觀思維，不盡相同，張其成曾說道：

> 《周易》直觀思維與一般直觀思維的最大區別在於：後者是依據自
> 身的直觀體驗對事物的前景進行判斷，而前者是依據初始占筮者所

〔註4〕張其成：《易道·中華文化主幹》，頁151。
〔註5〕傅雲龍、柴尚金：《易學的思維》，瀋陽出版社，1997年，頁26～36。

規定的卦爻象辭的直觀體驗進行判斷。雖然兩者都以直觀體驗和感
覺爲依據，但後者是直接的，前者是間接的。同樣，《周易》的直覺、
靈感思維也往往是在卦象比類的基礎上進行的，或是在依據依據卦
象思維的鍛鍊中產生的，而一般的直覺思維、靈感思維往往不依據
某一實象，具有突發性、瞬間性。〔註6〕

張氏認爲，《周易》直觀思維雖以直觀體驗和感覺爲依據，然而，卻是在占筮
所得卦爻象辭的基礎上，進行直觀體驗，繼而做出判斷。於此，朱伯崑也說：

直觀思維，指從感性出發，直接觀察自然現象和社會現象，從而探
討事物的性質或功能。《周易》卦爻辭所講的具體的事及其吉凶斷
語，大都出於生活的直觀及其經驗教訓。至《易傳》，提出取象說，
以物象解釋卦爻辭的吉凶之義，也是基於直觀思維。〔註7〕

朱氏認爲，《周易》卦爻辭固然直觀提取生活經驗，以之判斷吉凶；《易傳》
取象之說，也是藉由直接觀察自然變化，以體現萬物之情，誠如〈繫辭傳〉
所言：「仰則觀象於天，俯則觀法於地，觀鳥獸之文與地之宜，近取諸身，遠
取諸物，於是始作八卦，以通神明之德，以類萬物之情」（頁611）。

三、邏輯思維

〈序卦傳〉謂：「有天地，然後萬物生焉。盈天地之間者唯萬物，故受之
以屯：屯者盈也，屯者物之始生也。物生必蒙，故受之以蒙，蒙者蒙也，物
之穉也。物穉不可不養也，故受之以需……」（頁687～688）如此云云，其持
論當有一推演規則貫串其中。又〈說卦傳〉的取象說，包舉時令、方位、顏
色、人倫、動物、自然界等內容，其據象歸類，必有條理原則在，此乃《周
易》象數思維展現的又一精彩處。

對於《周易》邏輯思維，張其成提出一己之見，他說：

《周易》之邏輯思維，不同於西方形式邏輯思維，前者採用外延邊
界模糊的「類」概念──卦象符號與卦爻辭文字（而非西方外延邊
界清晰的屬性概念），對指謂對象作動態的、先驗的、綜合的判斷推
理（而非西方重屬性分析和因果演繹推理、二值判斷）。卦象是《周
易》邏輯的先驗模型。卦象之「象」又不同於抽象之「象」，後者是

〔註6〕張其成：《易道・中華文化主幹》，頁151。
〔註7〕朱伯崑：《朱伯崑論著》，瀋陽出版社，1998年，頁688。

抽去了一切具體形象的概念範疇，而前者既是來源於萬事萬物之象，是對物象事象的抽象與整飭，又蘊含經過整飭過的物象、事象，它是個「空套子」，但這個「空套子」實際上蘊藏萬事萬物。〔註8〕

張氏認為，《周易》邏輯思維採用概括性大的「類」的觀念，並以「卦象」為其先驗模型，相較於抽離形象的概念範疇，更顯觀照周全，且具綜合判斷推理之功。

朱伯崑也認為，《周易》邏輯思維來自占筮及對占筮的解釋，看似迷信色彩濃厚的背後，實則包含人為推理因素。他進而指出《周易》邏輯思維的三大特色：分類原則、類推原則以及形式化原則。〔註9〕其「分類」原則之說，與張其成意見相同；至於「類推」原則，即所謂「觸類旁通」；而「形式邏輯思維」，乃是一種重視命題和推論形式，只管推理過程的對與錯，不討論現實情況的真與假，朱伯崑認為，《周易》思維方式便具有這種特色。

關於形式邏輯思維，李申更區分為「卦爻中的演繹邏輯」和「卦象結構中的演繹邏輯」。〔註10〕前者如邵雍「加一倍法」，以及周敦頤《太極圖說》太極、兩儀、五行等化生順序屬之；後者著眼於人們描述該結構邏輯的不同角度，如漢代「八宮說」以其自行構造的邏輯程序，逕自解釋六十四卦的構成情形，對此，李申說道：

> 歷代易學家所說的卦象的邏輯結構，雖然是卦象中存在著的，但是以一種潛在的形式存在著的，它並不存在於卦象之時人們的意識中。因此，誰發現了什麼樣的邏輯結構，那個邏輯結構及其思維形式就僅僅屬於他自己及他那個時代。〔註11〕

誠如李申所言，後代易學家說解《周易》卦象，甚至探討〈河圖〉與〈洛書〉的數理、邏輯結構，更重要的興趣，在於以之建立己身學說體系，吾人從其學說當中看到的思想，只能說是解者本身的觀察角度，論述邏輯。

四、辯證思維

如果說，「形式邏輯思維」是基於事物的靜態、相對穩定條件而形成的思維方式，並重視事物的類屬關係和概念的確定性；那麼，「辯證思維」則是基

〔註 8〕 張其成：《易道‧中華文化主幹》，頁 151。
〔註 9〕 朱伯崑：《朱伯崑論著》，頁 690。
〔註 10〕 收錄於朱伯崑主編：《周易知識通覽》，頁 853～864。
〔註 11〕 同上註，頁 864。

於事物的動態、變化過程，注重從反面、整體角度思考問題。對此，朱伯崑對「辯證思維」提出三項原則：變易思維、相成思維、整體思維。〔註 12〕其「變易思維」，要求人們從變動的一面，觀察自然、省視人生；「相成思維」，則要求能夠看到事物的對立面，進而達到更高層次的統一；「整體思維」，更從動態視野角度，把握普遍聯繫的關係，宏觀一體，全面把握。

對於《周易》辯證思維，劉長林提出四項原則：整體性原則、變易性原則、陰陽互補原則、中和與均衡原則。〔註 13〕基本上，劉長林與朱伯崑對於《周易》辯證思維的看法，相去無幾；劉氏陰陽互補原則與中和均衡原則，用朱氏之語來說，便是所謂「相成思維」。以下分成三方面言說。

（一）變易原則

〈繫辭傳〉有云：「《易》之爲書也不可遠，爲道也屢遷，變動不居，周流六虛，上下無常，剛柔相易，不可爲典要，唯變所適。」就一卦而言，每卦六爻，由下而上，自初爻以至於第六爻，分別代表事物發展的起始與終端，行至第六爻，則又復返初爻，開啓另一輪新的發展。就六十四卦而言，始自〈乾〉卦終於〈未濟〉，而非〈既濟〉，也蘊含著事物的變易將繼續不斷地生生發展。

辯證思維，乃是從動態角度觀之，對於《易》道變化特色，朱伯崑曾歸納出四點意見：一、變化日新；二、陰陽流轉；三、剛柔相推；四、陰陽不測。〔註 14〕朱氏之意，簡單地說便是：「日新之謂盛德，生生之謂易」（〈繫辭傳〉），事事物物在不斷變易中，尋得出路，覓得進境，故謂之「變化日新」；「一闔一闢謂之變，往來不窮謂之通」（〈繫辭傳〉）日月推移，寒往暑來，陰陽消息，謂之「陰陽流轉」；「剛柔相推而生變化」（〈繫辭傳〉）變化的產生，來自於交互作用、相互感通，於內部醞釀變化的可能，是謂「剛柔相推」；事物的發生，雖有其規律可循，然而，「神無方而易無體」、「陰陽不測之謂神」（〈繫辭傳〉），陰陽變易，一言以蔽之，曰「唯變所適」。

（二）相成原則

朱伯崑所謂辯證思維的「相成」原則，按劉長林的說法，即爲「陰陽互

〔註12〕詳見朱伯崑：《朱伯崑論著》，頁 699～709。
〔註13〕詳見朱伯崑：《朱伯崑論著》，頁 878～897。
〔註14〕詳見朱伯崑：《朱伯崑論著》，頁 700～702。

補原則」以及「中和與均衡原則」。實則，當天地、日月、暑寒、晝夜、剛柔、健順、伸屈等，一一被納入陰陽範疇時，兩兩之間的關係，便容不得含混視之。

對於陰陽互補的相成原則，朱伯崑對此命題內涵，歸納出三點意見：一、陰陽相依；二、陰陽相濟；三、陰陽和諧。〔註 15〕朱氏認爲，陰陽乃是相互依存、滲透的，放眼天地間，並不存在孤陽孤陰的事物，據此言「陰陽相依」；其次，陰陽性質相反，得以交相感通，成就對方，也完成自身，五行性異，相生相成，更顯「相濟」之說；再者，誠如〈乾‧象辭〉所云：「乾道變化，各正性命，保合太和乃利貞。」事物發展的最佳狀態，乃是從對立中取得統一，生命發展的圓融，亦非傷害其他，而是取得適當平衡，因此，「陰陽和諧」乃天地萬物理想之境。

（三）整體原則

就一卦而言，六爻可分成三個部分：一、二爻象徵地，三、四爻象徵人，五、六爻象徵天，乃以一卦六畫象徵宇宙整體，含括天、地、人三才。在強調和諧整體的觀念裡，陰陽當位，執「中」協同，更是一份平衡與穩定，因此，分居上、下卦中央之位的二爻與五爻，基本上說來，都是好的；倘若，二爻與五爻又能相應，則大吉。由此可見，卦爻的聯繫，必須整體觀之，且重視中和之道。

就各卦而言，欲瞭解六十四卦的涵義，不僅要分析六爻之間的關係，更要考慮上卦與下卦的對應情況，以期整體把握，作出判斷。《周易‧說卦傳》更以「卦象」爲聯繫中介，將時間、空間等因素，納入整體動態的言說體系當中。相較著眼於八卦對立性而言的第三章：「天地定位，山澤通氣，雷風相薄，水火不相射。八卦相錯」（頁 671）〈說卦傳〉第五章則談論八卦的統一性，其云：

> 帝出乎〈震〉，齊乎〈巽〉，相見乎〈離〉，致役乎〈坤〉，說言乎〈兌〉，戰乎〈乾〉，勞乎〈坎〉，成言乎〈艮〉。萬物出乎〈震〉，震，東方也。齊乎〈巽〉，巽，東南也。齊也者，言萬物之絜齊也。〈離〉也者，明也。萬物皆相見，南方之卦也。聖人南面而聽天下，嚮明而治，蓋取諸此也。〈坤〉也者，地也，萬物皆致養焉，故曰「致役乎

〔註 15〕詳見朱伯崑：《朱伯崑論著》，頁 703～705。

坤」。〈兌〉，正秋也，萬物之所說也，故曰：「說言乎兌」。戰乎〈乾〉，

乾，西北之卦也。言陰陽相薄也。〈坎〉者，水也，正北方之卦也；

勞卦也，萬物之所歸也，故曰：「勞乎坎」。〈艮〉，東北之卦也。萬

物之所成終而所成始也，故曰：「成言乎艮」。（頁 673〜674）

本章所述，即所謂「後天八卦圖」。八卦配以方位，〈震〉居東方，〈巽〉居東
南，〈離〉居南方，〈坤〉居西南，〈兌〉居西方，〈乾〉居西北，〈坎〉居北方，
〈艮〉居東北，八卦各居一方，領有四季，各自發揮，成就萬物生長。

　　至於五行說，雖非《周易》既有觀念，然而，〈繫辭傳〉「天數五，地數
五，五位相得而各有合」之語，以及〈說卦傳〉「參天兩地而倚數」之論，皆
對於天地之數有所關注。附帶一提的是，對於〈說卦傳〉「參天兩地而倚數」
一句，歷來說解紛紜，朱熹《周易本義》謂：

天圓地方，圓者一而圍三，三各一奇，故參天而爲三。方者，一而

圍四，四合二耦，故兩地而爲二。（頁 635）

蓋「參」、「兩」乃爲古語，恐非朱熹所言，以之爲數字。金景芳引述《周禮・
天官・疾醫》之言：「兩之以九竅之變，參之以九藏之動」，又《逸周書・常
訓》也說：「疑意以兩，平兩以參」，故而，金氏評斷道：

天地爲一、三、五、七、九這五個天數和二、四、六、八、十這五

個地數，「參天兩地而倚數」，就是把天數地數參合到一起，形成大

衍之數五十有五，用以分二、掛一、揲四、歸奇等等以得出七、八、

九、六。〔註16〕

徐志銳也肯定這樣的意見，他說：

其實就是天地兩參，天地兩相參雜而立數，具體說，就是天數五——

——一三五七九，地數五——二四六八十，天地之數累計相加兩相參

雜，由此而確立了「大衍之數」五十有五。〔註17〕

釐清此誤解之後，回到「五行說」問題上來。必須到了漢代，方引用五行觀
念解《易》，形成了易學中的陰陽五行觀，以五行說解萬物生成問題。時至宋
代，〈河圖〉、〈洛書〉蔚爲圖書之學，更以五行爲聯繫，將時間、空間、天地
萬物納入其體系當中，凸顯生息相關的整體思想。

　　綜上所述，對於「象數思維」的內涵，張其成的意見頗值得參考，他說：

〔註16〕金景芳、呂紹綱：《周易全解》，韜略出版社，民國85年，頁678。
〔註17〕徐志銳：《周易大傳新注》，里仁書局，民國84年，頁630。

對《周易》這種特殊的思維形式，目前還沒有一個恰切的名稱，……姑且命名爲「象數思維」。它的特點是：以「卦象」爲思維出發點和先驗模式，以取象、運數爲思維方法，以具有轉換性能的「象數」、「義理」兩種信息系統爲思維的形式和內涵，以外延界限模糊的「類」觀念對指謂對象及其發展趨勢作動態的、整體的把握和綜合的、多值的判斷。〔註18〕

筆者認爲，「象數」有其存在之理，而爲理之實際載體，換言之，即因象以明理。《周易》思維方式，誠然與既有思維方式發生重疊；然而，其所以爲《周易》思維方式，而非其他，必有其特殊之處，張其成特別提出「象數思維」一說，正是著眼於此等考量。其以「卦象」爲思維出發點及先驗模式，以取象、運數爲思維方法之說，實爲精當可取！

本論文贊同張氏之說，將「形象思維」、「直觀思維」、「邏輯思維」與「辯證思維」，統稱「象數思維」，並以之作爲朱熹醫易會通探討基礎的思維方式，一方面肯定該思維分類方法；另方面筆者考量到，「形象思維」與「直觀思維」屬於直觀形象把握，故置於前，「邏輯思維」乃基於事物靜態、穩定條件來談，而「辯證思維」則基於事物動態過程，強調從整體角度思考問題，因此，這四種思維方式本身具有層次性。

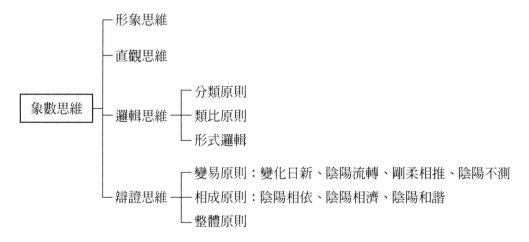

第六章　朱熹醫易會通之太極思維

　　本章將分成三個部分探討：一、醫家太極思想；二、朱熹太極思想；三、朱熹醫易太極思維。

第一節　醫家太極思想

　　歷來被醫家奉爲醫方之祖的《內經》，成書之初，並未直接提到「太極」之說。然而，隨著醫學經驗長足累積，並與其他領域學說相互交流的結果，醫學從易學象數思維中，取得甚爲豐碩的理論養分。

　　無可否認，學說成立之初，能建立大原則、大方向，誠屬難得；若能經得起時間淬煉，通過不斷檢驗，猶見立論之確，其價值不言可喻。無論後世醫家如何發展、推擴醫說，作爲源頭活水的《內經》，已爲後起之論奠下言說基礎，即使「太極」一詞並未直接出現於《內經》當中，然而，生命的「太極」，在《內經》中已有蛛絲馬跡可尋。以下便從「藏象何處是太極」談起。

一、藏象何處是太極

　　藏象，乃是中醫對人體生命功能結構的基本認識。「藏」，指藏於體內的臟腑；「象」，指可以觀察的形象，由外而知內，故謂之「藏象」。藏象，亦有作「臟象」者，然而，一字之差，內涵殊異。作「臟象」者，指的是具體臟腑器官而言；作「藏象」者，則著重由可察、可感之象，把握內在臟腑功能，因此，《內經》作「藏象」，蓋有形象思維之意。

　　然而，作爲生命的本原，或說是生命的「太極」，在《內經》中所指爲何？

又作何表述?基本上,《內經》在藏象論述中,只提到「心爲君主之官」以及「目爲命門」之說。

首先,就「心爲君主之官」而言。《內經》有云:「心者,生之本,神之變也,其華在面,其充在血脈,爲陽中之太陽,通於夏氣。」(《素問‧六節藏象論》卷一,頁 42)就君主而言,心爲君主而屬陽,陽主生,乃萬物存亡之所繫,故謂生之本;心藏神,神明由心而變化,故謂神之變。《內經》以「心」爲生之本、生命的主導,於此可見。《靈樞‧邪客》也曾提到:「心者,五藏六府之大主也,精神之所舍也」(《靈樞》卷十,頁 9),更可見《內經》對於「心」的重視。

其次,就「目爲命門」而言。《內經》有云:「太陽根于至陰,結于命門,命門者,目也。」(《靈樞‧根結》卷二,頁 1)蓋命根在腦,顯象於目;腦髓爲體,目爲用,因此,「命門者,目也」的命題,或有以指腦髓爲生命關鍵。參諸道教典籍,實則,不乏相通之處,《黃庭內景玉經‧上有章》第二嘗謂:

> 上有魂靈下關元,左爲少陽右太陰,後有密戶前生門,出日入月呼吸存。元氣所合列宿分,紫煙上下三素雲,灌溉五華植靈根,七液洞流衝廬間。迴紫抱黃入丹田,幽室內明照陽門。(《道藏氣功要集》,頁 932～933)

「幽室」就腦而言,「陽門」則指陽宮命門,同樣以「腦」爲生命關鍵、命門所在。又,該書〈至道章〉第七也提到:

> 至道不煩決存眞,泥丸百節皆有神。髮神蒼華字太元,腦神精根字泥丸,眼神明上字英玄,鼻神玉壟字靈堅,耳神空閑字幽田,舌神通命字正倫,齒神鍔鋒字羅千。一面之神宗泥丸,泥丸九眞皆有房,方圓一寸處此中,同服紫衣飛羅裳。但思一部壽無窮,非各別住居腦中,列位次坐向外方,所存在心自相當。(《道藏氣功要集》,頁 934)

此處所謂的「泥丸」,亦指腦而言。「腦神精根字泥丸」、「一面之神宗泥丸」,意味著腦爲精根,爲諸神之宗,主宰著身之百節,居百神之會,以後出之語概括之,堪稱生命之「太極」。

太極,乃《周易》用以說明世界本原、生命本原的重要概念。隨著理學蓬勃發展,宋代以來的醫家,對於「太極」等理學範疇倍感興趣,朱震亨曾說:「先儒謂物物具太極,學者其可不觸類而長,引而伸之乎?」(《格致餘論‧

吃逆論》，《四庫全書》第七四六冊，頁 671）孫一奎也說：「醫之爲教，正示人節宣天地之氣而使之無過不及。攻是業者，不能尋繹太極之妙，豈知本之學哉？」（《醫旨緒論・太極圖抄引》，《四庫全書》第七六六冊，頁 1080）大抵，宋明以降醫家，利用太極學說的原理，探索並解答醫學上許多未知問題，有些甚至超出原有醫說，充分展現易學對醫家的影響，例如生命「太極」的探求，便是一例。

　　「太極」一詞，並未直接出現於《內經》當中，直到朱熹四傳弟子許謙的門人朱震亨，首將理學「太極」思想引入醫學，爾後醫家方據以展開論述，引領起一股醫易研究風潮。來源於易學的「太極」之說，隨著朱熹理學被提到儒學正宗地位，其「太極論」在醫易學中的影響，愈發顯得重要。這一點，或許是朱熹有生之年始料未及的。以下便從「太極思想引入醫學」談起。

二、太極思想引入醫學

　　理學開山祖周敦頤作《太極圖說》，首次將「太極」作爲重要範疇，納入理學體系。雖然邵雍、張載、朱熹等人，分就其學術立場，將「太極」發展爲氣本論、理本論等不同派別，然而，醫家受此影響，頗爲深遠。

　　第一個將「太極」思想引入醫學領域的，便是朱震亨。朱震亨（1281～1358），字彥修，元代婺州義烏（今浙江義烏）人。自幼好學，聰明過人，日誦千言，早年有意於仕進，習舉子之業，然而，三十歲時，因母患脾疼，眾醫束手無策，朱震亨於是有志於醫。自此潛讀《素問》三年之久，果二年後，治癒親病。昔見伯叔染病，其弟夭折於腿疾，妻子更喪於積痰，朱震亨於是更堅定習醫之志，棄舉業，轉攻醫學，由儒而醫。

　　三十四歲時，朱震亨聽聞許謙（按：許謙乃朱熹四傳弟子）宣講理學於東陽八華山，便誠心往事，刻苦自勵，潛心向學。爾後，朱震亨習醫之舉，更是得到許謙的首肯：「吾（按：許謙）臥病久，非精於醫者，不能以起之。子聰明異常人，其肯遊藝于醫乎？」[註1] 師出大家的朱震亨，理學基礎深厚，醫學著述豐富，「太極」思想由理學進入醫學領域，朱震亨的穿針引線，實居功厥偉。就成學經過觀之，朱震亨廣涉醫、易，博採周敦頤《通書》、張載《正蒙》之說，鎔爲一爐，予以淬練重鑄，自成一格。因此，發而爲醫家的「太極」思想，便帶有複雜難辨之特色。

〔註 1〕《古今圖書集成》：第四十六冊，頁 5567。

　　關於朱震亨的「太極」思想，可由其醫學著作中略見一二，其言曰：「太極動而生陽，靜而生陰，陽動而變，陰靜而合，而生水、火、木、金、土，各一其性。」（《格致餘論・相火論》，《四庫全書》第七四六冊，頁667）就此言說脈絡觀之，幾乎與周敦頤《太極圖說》如出一轍！問題就在於，朱震亨使用的「太極」思想，究竟是周敦頤言說下的「太極」？或是朱熹說解下的「太極」？抑或獨出己見？

　　蓋周敦頤《太極圖說》原文作：「太極動而生陽，動極而靜，靜而生陰，靜極復動。一動一靜，互為其根，分陰分陽，兩儀立焉。五行一陰陽也，陰陽一太極也。」若謂「動而生陽」、「靜而生陰」不免將陽動與陰靜割裂開來，那麼，朱震亨在吸收周敦頤之說時，恐怕選擇性地去取某些內容，而特別保留「太極動而生陽」的觀點，並將其與五行之「火」（所謂真陽元氣）相聯繫，展現恆動不窮的看法。於此，又衍伸另一問題：朱震亨所謂的「太極」，究竟是「理」？抑或是「氣」？

　　朱震亨曾經提到：「天地以一元之氣，化生萬物，根於中者，曰神機；根於外者，曰氣血。萬物同此一氣。」（《格致餘論・夏月伏陰在內論》，《四庫全書》第七四六冊，頁646）在他看來，化生萬物者，乃一元之氣，究其思想淵源，可追溯至張載。朱震亨於他處也曾提到：「氣也，即天之謂也。自其無極者觀之，故曰大氣。」（《格致餘論・天氣屬金說》，《四庫全書》第七四六冊，頁672）此處所謂「無極」，顯然不同於周敦頤「無極而太極」的無極，而是就氣之無邊無際而言。因此，在他的著作當中，顯然沒有明確交代：他所主張的「太極」，究竟是「理」、抑或是「氣」；然而，抽絲剝繭之後，不難發現，朱震亨乃傾向於以「氣」為本的太極論者。

　　作為第一個將「太極」思想引入醫學領域之人，朱震亨之舉誠值得肯定。如同易學家解讀「太極」，有持氣本論者，亦有持理本論、甚至心本論者，後世醫家也順應其說需要，發展出不同取向的醫學理論。

第二節　朱熹太極思想

　　本節將朱熹太極思想的發展，分成三個階段來處理：一、超然會太極；二、展開太極論辯；三、總結太極之辯。此處之所以依時間脈絡而言，一則可以看出朱熹如何建構其太極思想，再則配合其成學經歷，不難發現，某個

關鍵想法的突破，實有待特殊機緣促成。

一、超然會太極

乾道六年，朱熹四十一歲，該年正月，奉先妣於建陽寒泉塢。寒泉時期，陸續完成《太極圖說解》與《西銘解》，奠定了朱熹「太極」理本論基礎，確立「理一分殊」哲學原則。

（一）太極圖說解

撰述《太極圖說解》之前，朱熹先對《太極通書》進行編定工作。周敦頤《太極圖說》與《通書》遲遲未見傳世，時至南宋，紹興四年朱震進呈〈太極圖〉給朝廷，紹興六年，建陽麻沙首次刊刻《通書》；爾後，舂陵、零陵、九江陸續也有刻本傳世。早在紹興三十年，朱熹便已廣搜周氏遺文，並細閱各地刊刻本子，誠未能滿意，於是，乾道五年，決意重校《通書》，刊刻於建安。該本子根據潘興嗣〈周敦頤墓誌〉，對原有刻本作了些改動，朱熹說：

> 蓋先生之學，其妙具於太極一圖。《通書》之言，皆發此圖之蘊，而程先生兄弟語及性命之際，亦未嘗不因其說。……潘清逸志先生之墓，敘所著書，特以作〈太極圖〉爲稱首，然則此圖當爲書首不疑也。……今特據潘志，置圖篇端，以爲先生之精意，則可以通乎書之說矣。（《周敦頤全書》卷七，〈周子太極圖通書後序〉，頁 310～311）

朱熹此次編定最大的更動，在於將《通書》改稱爲《太極通書》，並將〈太極圖〉由《通書》之末，逕自移至《通書》之首，其根據理由便是潘興嗣的記載。經過朱熹整理與考證，周敦頤的著作可謂面目一新！實則，〈太極圖〉與《太極圖說》區分開來，已是朱熹五十歲，淳熙六年之事了。朱熹曾道：

> 右周子〈太極圖〉並《說》一篇，《通書》四十章，世傳舊本遺文九篇，遺事十五條。事狀一篇，熹所集次，皆已校定，可繕寫。（《周敦頤全書》卷七，〈再定太極通書後序〉，頁 312）

總的來說，在編定《太極通書》的基礎上，朱熹於乾道六年完成《太極圖說解》初稿。

完成《太極圖說解》初稿的朱熹，年方四十一，對於〈太極圖〉淵源問題尚不了解，故而就此問題，採朱震之說，將周敦頤〈太極圖〉的傳授，上承穆修、溯至陳摶。從朱熹與道徒的關係來看，紹興二十一年，與廬山道士

虛谷子劉烈的交往，只能說對二十來歲的朱熹埋下丹家種子；淳熙六年，半百之際，於南康和崔嘉彥的互動，方稱得上深入接觸丹家煉養之道。因此，就時間段落而言，不難明白：朱熹完成《太極圖說解》初稿時，對於道教內丹修煉之法，不甚熟稔，故未能把握道教正反順逆說解〈太極圖〉、〈無極圖〉等道圖的言說方式。

蓋宇宙化生萬物，由太極而兩儀、而五行、而化生萬物，如〈太極圖〉所呈現的由上而下說解方式；但，內丹修煉過程，恰和宇宙萬物化生過程相反，〈無極圖〉當由下往上觀之，經由煉精化氣、煉氣化神，五氣朝元，繼而煉神還虛、復歸無極，結成聖胎，練成金丹。丹家認為，復歸無極，身與道契之際，便得以體證「天人合一」的境界體驗。天人合一思想，本非儒家所獨專，周敦頤擷取道圖形象思維表現特色，承載己身思想學說，誠屬合理。

問題就在於，朱熹作《太極圖說解》初稿時，對於內丹煉養之說把握尚不足夠，能否理解周敦頤的用意，便是問題所在。而事實上，朱熹之舉，乃是藉周敦頤之作，建構他的太極理本論之說，至於能否把握周敦頤本意，則又牽涉到文本理解的問題。依據程頤《易傳》「體用一源，顯微無間」之說，朱熹將之貫徹於《太極圖說解》，確立其理學體系的基本原則：1、無極便是太極。朱熹認為：「形而上之道，本無方所名狀之可言也。」無極，是就無所名狀的一面而言；太極，乃就本體存在而言。「無極而太極」，就朱熹的理解，便成了無形而有理，而非從無生有。2、理氣相即、道器相即。理與氣、道與器，乃是一種體用、顯微的關係，[註2] 所謂「器亦道也，道亦器也」，太極之理生萬物，又具萬物中。3、理一分殊。朱熹發揮周敦頤之意，說道：「自男女而觀之，則男女各一其性，而男女一太極也；自萬物而觀之，則萬物各一其性，而萬物一太極也。蓋合而言之，萬物統體一太極也；分而言之，一物各具一太極也。」正所謂「渾然一體，莫非無極之妙；而無極之妙，亦未嘗不各具一物之中也。」統體一太極與一物之太極，即為普遍之道與特殊之

〔註2〕 朱熹於乾道間，也寫了〈太極圖說辯〉，對於體用一原、顯微無間再做論述：「若夫所謂體用一原者，程子之言蓋已密矣。其曰體用一原者，以至微之理言之，則沖漠無朕而萬象昭然已具也。其曰顯微無間者，以至著之象言之，則即事即物而此理無乎不在也。言理則先體而後用，蓋舉體而用之理已具，是所以為一源也。言事則先顯而後微，蓋即事而理之體可見，是所以為無間也。然則所謂一源者，是豈漫無精麤先後之可言哉？況既曰體立後用行，則亦不嫌於先有此而後有彼者。」(《朱熹集》遺集卷三，頁5670)

理的關係，也就是理一與分殊的關係。理一分殊觀念的確立，成爲朱熹哲學思想的基調。

朱熹在乾道年間所完成的《太極圖說解》，並沒有立刻公開傳世，其因在於：就教過張栻、呂祖謙、蔡元定等人之後，仍覺各個論點尙有未臻成熟之處，故而，暫將刊刻一事按下，待靜心沈潛，以成就更爲圓熟的看法。然則，朱熹「太極」思想的基本原則，早已在此時奠下基礎，往後的日子裡，只是在具體論說過程上，更爲縝密，從不同角度層層闡發其太極思想。

（二）西銘解

撰述《西銘解》之前，朱熹同樣從編定《橫渠集》入手。乾道二年，朱熹把欲爲《西銘》作注的想法告訴何鎬，他說：「近成都寄得橫渠書數種來，其間多可附入者，欲及注補也。」（《朱熹集》卷四十，〈答何叔京〉，頁 1844）朱熹注補之《橫渠集》，直到淳熙六年，方刻板傳世。

從三十九歲到六十二歲的二十多年裡，朱熹未曾放棄對張載之學的研究與吸收：孝宗乾道四年，三十九歲時，編《程氏遺書》，當中收錄有二程對張載的評價；乾道八年，四十三歲時，完成《西銘解》，並於此前後，注釋《正蒙》；淳熙二年，四十六歲，與呂祖謙合編《近思錄》，全書六百二十二條，採自《正蒙》者，二十六條；淳熙十五年，五十九歲，《西銘解》公開傳世。光宗紹熙三年，六十三歲，作〈六先生畫像贊〉，其中對於「橫渠先生」贊曰：

> 早悅孫吳，晩逃佛老。勇撤皐比，一變至道。精思力踐，妙契疾書。
>
> 《訂頑》之訓，示我廣居。（《朱熹集》卷八十五，頁 4386）

不難得知，朱熹除了服膺二程洛學，對於張載之學，亦多所接觸。

「天地之塞，吾其體；天地之帥，吾其性」，此《西銘》之大綱，朱熹悅服已久，然而，思有《西銘解》之作，則純屬機緣。他曾提到：

> 向要到雲谷，自下上山，半塗大雨，通身皆濕，得到地頭，因思著：
> 「天地之塞，吾其體；天地之帥，吾其性。」時季通及某人同在那
> 裡。某因各人解此兩句，自亦作兩句解。後來看，也自說得著，所
> 以迤邐便作《西銘》等解。（《朱子語類》卷五，頁 84）

案頭所讀，是一回事；不經意中，於大自然領略所學，則又是另一番體悟。二程向來推重《西銘》，認爲其發前人所未發，在程門後學中，朱熹是第一個爲《西銘》作系統說解的人。

如同《太極圖說解》，朱熹亦採「理一分殊」觀念說解《西銘》。他說：

天地之間，理一而已，然乾道成男，坤道成女，二氣交感，化生萬物，則其大小之分，親疏之等，至於十百千萬，而不能齊也。不有聖賢者出，孰能合其異而反其同哉。《西銘》之作，意蓋如此。程子以爲明理一而分殊，可謂一言以蔽之矣。蓋以乾爲父，以坤爲母，有生之類，無物不然，所謂理一也；而人物之生，血脈之屬，各親其親，各子其子，則其分亦安得而不殊哉！一統而萬殊，則雖天下一家，中國一人，而不流於兼愛之弊；萬殊而一貫，則雖親疏異情，貴賤異等，而不梏於爲我之私，此《西銘》之大指也。（《西銘註解》，《張子全書》卷一，頁7）

「無極之眞，二五之精，妙合而凝，乾道成男，坤道成女，二氣交感，化生萬物」，此《太極圖說》之語，被朱熹引入說解《西銘》之義，只不過「無極之眞，二五之精，妙合而凝」被改易爲「天地之間，理一而已」。周敦頤該段話，原是用以說明宇宙生成過程，從上而下，由一般衍生出殊別之相；朱熹則認爲，宇宙發生過程便是「理一分殊」過程。從「理一」觀之，「天地之間，理一而已」，萬事萬物之理，皆由一理爲存在依據，此乃由上往下推說，「一統而萬殊」；就「分殊」而言，十百千萬有不能齊者，思求萬殊中之一貫，「不有聖賢者出，孰能合其異而反其同哉」！朱熹秉持「理一分殊」觀念，並貫徹之於《西銘解》與《太極圖說解》，在說解《西銘》的同時，也將周敦頤宇宙生成論上升爲本體論。

除了《西銘》之外，朱熹始終持「理一分殊」觀念，解讀張載之學。故而，對於張載「清虛一大」的說法，顯然不能認同，他說：

《正蒙》所論道體，覺得源頭有未是處，故伊川云：「過處乃在《正蒙》。」（《朱子語類》卷九十九，頁2532）

《正蒙》說道體處，如「太和」、「太虛」、「虛空」云者，止是說氣。說聚散處，其流乃是箇大輪迴。蓋其思慮攷索所至，非性分自然之知。若語道理，惟是周子說「無極而太極」最好。……「由氣化有道之名」，如所謂「率性之謂道」是也。然使明道形容此理，必不如此說。伊川所謂「橫渠之言誠有過者，乃在《正蒙》」；「以清虛一大爲萬物之原，有未安」等語，概可見矣。（同上，頁2533）

朱熹接受程頤的說法，認爲以「清虛一大」爲道體，畢竟「有未是處」。然而，「清虛一大」何以不能作爲萬物本源，對此，朱熹闡述道：

　　渠初云『清虛一大』，爲伊川詰難，乃云『清兼濁，虛兼實，一兼二，
　　大兼小』。渠本要説形而上，反成形而下，最是於此處不分明。……
　　縱指理爲虛，亦如何夾氣作一處。（《朱子語類》卷九十九，頁 2538）

「清虛一大」是氣，在朱熹看來：氣乃形而下者，張載以之爲萬物本源，則
流於以偏概全，將形而上之道講成形而下之器。若謂《西銘》之語精當，何
以張載《正蒙》於此卻差？朱熹引伊川之語答曰：「譬如以管窺天，四旁雖不
見，而其見處甚分明。」朱熹縱未能贊同張載氣本論，然而，其以理一分殊
說解《西銘》，條暢無礙，故高舉張載《西銘》的地位。

　　嚴格說來，朱熹對於張載氣論還是有所吸收，一則表現在「理氣」孰先
孰後問題上，另則表現在「理氣」與萬物的關係上。首先，從理氣先後問題
談起。朱熹說道：

　　理與氣本無先後之可言。但推上去時，卻如理在先，氣在後相似。
　　理未嘗離乎氣。然理形而上者，氣形而下者。自形而上下言，豈無
　　先後！

　　此本無先後之可言。然必欲推其所從來，則須說先有是理。然理又
　　非別爲一物，即存乎是氣之中；無是氣，則是理亦無掛搭處。（《朱
　　子語類》卷一，頁 3）

就言說邏輯觀之，形而上之「理」先於形而下之「氣」，在肯定二程「理」本
論的基礎上，也可見到朱熹吸收張載之說，肯定「理未嘗離乎氣」的看法。

　　其次，就「理氣」與萬物的關係而言。對於張載「虛空即氣」，朱熹提出
他的看法：

　　問：「氣块然太虛，升降飛揚，未嘗止息。」曰：「此張子所謂『虛
　　空即氣』也。蓋天在四畔，地居其中，減得一尺地，遂有一尺氣，
　　但人不見耳。此是未成形者。」問：「虛實以陰陽言否？」曰：「以
　　有無言。及至『浮而上，降而下』，則已成形者，若所謂『山川之融
　　結，糟粕煨燼』，即是氣之渣滓。要之，皆是示人以理。」（《朱子語
　　類》卷九十八，頁 2506）

升降飛揚，無所止息之「氣」，即便尚未聚而成形，合而成質，也並非等同於
無；既已成形，則爲氣之渣滓。無論虛空之氣，抑或氣之渣滓，都是先於「物」
而存在的。於此，不難發現：在理本論基礎上，朱熹更吸取張載氣論，強調
「氣」在萬物形成前、及形成過程中的重要性。

　　自程頤用「理一分殊」解讀《西銘》，從楊時至李侗，皆視「理一分殊」爲倫理道德原則；必須到了朱熹《西銘解》，始將「理一分殊」提至本體論的高度。

　　淳熙十五年，朱熹五十九歲。該年，《太極圖說解》與《西銘解》公開傳世，爲此，朱熹寫有〈題太極西銘解後〉，云：

> 始予作《太極》、《西銘》二解，未嘗敢出以示人也。近見儒者多議兩書之失，或乃未嘗通其文義而妄肆詆訶，予竊悼焉，因出此解以示學徒，使廣其傳，庶幾讀者由辭以得意，而知其未可以輕議也。(《朱熹集》卷八十二，頁 4236)

朱熹並將《太極圖說》與《西銘》聯繫觀之，而謂：

> 如云：『五行，一陰陽也；陰陽，一太極也；太極，本無極也。五行之生也，各一其性。無極之眞，二五之精，妙合而凝，乾道成男，坤道成女。二氣交感，化生萬物，萬物生生，而變化無窮焉。』便只是『天地之塞吾其體，天地之帥吾其性』，只是說得有詳略緩急耳。而今萬物到秋冬時各自斂藏，便恁枯瘁；忽然一下春來，各自發生條暢，這只是一氣，一箇消，一箇息。那箇滿山青黃碧綠，無非天地之化流行發見。而今自家吃他，著他，受用他，起居食息都在這裡，離他不得。所以仁者見之便謂之仁，智者見之便謂之智，無非是此箇物事。(《朱子語類》卷一一六，頁 2795～2796)

周敦頤《太極圖說》與張載《西銘》，在朱熹的說解下，已然聯繫起來了，其意以爲，二者之言，「只是說得有詳略緩急」之別！

　　乾道年間完成的《太極圖說解》與《西銘解》，雖因四方辨詰紛然，而延後公開傳世，但可以確定的是：朱熹太極理本論思想，已於此際確立！隨著思想基調的確立，朱熹也開始一連串的太極論辯。

二、展開太極論辯

　　以下將分成「無極而太極」、「朱陸太極論辯」以及「皇極之辨」來談，在論述過程中，將會逐步呈現：太極論辯，乃是屬於易學性質的論辯，且隨著交鋒過程的發展，逐漸由義理之論轉而爲象數之爭。

（一）無極而太極

　　「無極而太極」，是周敦頤學說中最爲精彩、也最富爭議性的哲學命題。

自來對於《太極圖說》首句，有著不同表述方式：1、《通書》九江本作「無極而生太極」；2、宋史館所修《國史》作「自無極而爲太極」；3、朱熹力主「無極而太極」之說。

在以上三種表述方式中，《國史》所作「自無極而爲太極」之說，免不了有意氣用事之嫌。淳熙十五年，朱熹五十九歲，該年六月，於玉山巧遇翰林學士洪邁，見其編修之《四朝國史》，竟將《太極圖說》首句訂爲「自無極而爲太極」，朱熹深感不滿，爲文斥之：

> 戊申六月，在玉山邂逅洪景盧內翰，借得所修《國史》，中有濂溪、程、張等傳，盡載《太極圖說》。蓋濂溪於是始得立傳，作史者於此爲有功矣。然此說本語首句但云「無極而太極」，今傳所載，乃云「自無極而爲太極」，不知其何所依據而增此「自」「爲」二字也。夫以本文之意親切渾全明白如此，而淺見之士猶或妄有譏議，若增此字，其爲前賢之累，啓後學之疑，益以甚矣。(《朱熹集》卷七十一，〈記濂溪傳〉，頁 3694～3695)

倘若洪邁能夠提出版本依據，或許可以使人悅服，然而，他卻遲遲無法交代清楚，甚至選擇離開玉山，不發一語，保持沈默。

洪邁的逃避，使得朱熹無法心服口服。每每提及此事，總難掩不平，他在〈答陸子靜〉書中提到：「近見《國史・濂溪傳》載此圖說，乃云『自無極而爲太極』。若使濂溪本書實有『自』、『爲』兩字，則信如老兄所言，不敢辨矣。然因渠添此二字，卻見得本無此字之意愈益分明，請試思之。」(《朱熹集》卷三十六，頁 1585) 又，其於〈邵州州學濂溪先生祠記〉也說：「所謂無極而太極云者，……夫豈以爲太極之上復有所謂無極者哉？近世讀者不足以識此，而或妄議之，既以爲先生病；史氏之傳先生者，乃增其語曰『自無極而爲太極』，則又無所依據而重以病夫先生。」(《朱熹集》卷八十，頁 4143)

倘若朱熹對洪邁之說的不滿，乃因其言之無據，卻又不肯承認作僞；那麼，洪邁刻意更動《太極圖說》首句，恐非出於學術良心，而是帶有一分政治尋釁意味，此與其身爲王淮黨人，不無關係。

「無極而生太極」與「自無極而爲太極」，就理論層面而言，其表述內容是相同的。至此，問題可以收束爲：「無極」與「太極」是生成關係？抑或「無極」便是「太極」？顯然，朱熹認爲，「無極」是對於「太極」無形而有理的描述。

（二）朱陸太極論辯

除了表述形式之爭，「無極而太極」內涵的理解，亦隨著朱熹與陸九淵交相論辯，如火如荼地展開。淳熙十五年，朱熹（五十九歲）收到陸九淵寄來的書信，一場無極太極論辯，於焉展開。大致說來，論點交鋒主要表現在三方面：1.「無極」是否無形；2.「無極」是否等同於無；3.「太極」是否為理。

1. 無極是否無形

陸九淵對於「太極」乃無形而有理，須以「無極」表述其無形之說，顯然無法認同，特致書朱熹，提出自己的看法，他說：

> 《易‧大傳》曰：「《易》有太極。」聖人言有，今乃言無，何也？作〈大傳〉時不言無極，太極何嘗同於一物，而不足為萬化根本耶？〈洪範〉五皇極，列在九疇之中，不言無極，太極亦何嘗同於一物，而不足為萬化根本耶？……《易》之〈大傳〉曰：「形而上者謂之道」，又曰：「一陰一陽之謂道」，一陰一陽已是形而上者，況太極乎？曉文義者舉知之矣。自有〈大傳〉，至今幾年，未聞有錯認太極別為一物者。設有愚謬至此，奚啻不能以三隅反，何足上煩老先生特地於太極上加無極二字以曉之乎？（《象山先生全集》卷二，〈與朱元晦〉，頁 24）

陸氏指出，《易傳》只言「太極」，不提「無極」，事實上，亦不至於被誤認「別為一物」，此意見確實直指朱熹言說弱點；然而，陸九淵認為「一陰一陽已是形而上者」，就其理論體系而言，此又與朱熹看法相左。對此，朱熹說道：

> 周子所以謂之「無極」，正以其無方所，無形狀，以為在無物之前，而未嘗不立於有物之後；以為在陰陽之外，而未嘗不行乎陰陽之中；以為通貫全體，無乎不在，則又初無聲臭影響之可言也。今乃深詆無極之不然，則是直以太極為有形狀，有方所矣。直以陰陽為形而上者，則又昧於道器之分矣。（《朱熹集》卷三十六，〈答陸子靜〉，頁 1575～1576）

陸九淵心學體系中，並未別立「氣」的範疇，故而，一陰一陽被說成形而上者；朱熹則不然，他認為「理」必須掛搭在「氣」上，方能顯其全體大用。

基本上，朱、陸同樣肯定「太極」的本體意義，但二人的分歧點，就在於：「太極」能否以「無極」表述之，是否有必要以「無極」表述「太極」之無形。對此，朱熹覆信答道：

來書反復，其於無極、太極之辯詳矣。然以熹觀之，伏羲作《易》，自一畫以下，文王演《易》，自「乾元」以下，皆未嘗言太極也，而孔子言之。孔子贊《易》，自太極以下，未嘗言無極也，而周子言之。夫先聖後聖，豈不同條而共貫哉？若於此有以灼然實見太極之眞體，則知不言者不爲少而言者不爲多矣，何至若此之紛紛哉？（《朱熹集》卷三十六，〈答陸子靜〉，頁1574）

「太極」是否有必要以「無極」表述其無形，在這個問題上，朱熹似乎不願讓步！所謂不言者不爲少，而言者不爲多，對此，朱、陸二人始終各執一詞。

2. 無極是否為無

陸九淵堅持，「太極」不須以「無極」指其無形，甚而認爲，「無極而太極」乃老氏之言，對此，陸九淵說道：

朱子發謂濂溪得〈太極圖〉於穆伯長，伯長之傳，出於陳希夷，其必有考。希夷之學，老氏之學也。「無極」二字，出於《老子·知其雄》章，吾聖人之書所無有也。《老子》首章言「無名，天地之始；有名，萬物之母」，而卒同之，此老氏宗旨也。「無極而太極」，即是此旨。（《象山先生全集》卷二，〈答朱元晦〉，頁24）

就朱震所言〈太極圖〉傳授淵源，來自於道教陳摶一系，則周敦頤當與道教、老氏之學相關。據此，陸九淵逕自將《太極圖說》首句，「無極而太極」，與《老子》首章「無名，天地之始；有名，萬物之母」合而觀之，並認爲兩命題旨趣相同；雖如此，陸九淵畢竟沒有把「無極」直接等同於「無」。

面對陸九淵言之鑿鑿的說法，朱熹另闢蹊徑，從詞語使用層面出發，釐清其與陸氏之說的分別，朱熹說道：

老子「復歸於無極」，「無極」乃無窮之義。如「莊生入無窮之門，以遊無極之野」云爾，非若周子所言之意也。今乃引之而謂周子之言實出乎彼，此又理有未明而不能盡乎人言之意……（《朱熹集》卷三十六，〈答陸子靜〉，頁1577）

就現代術語而言，朱熹認爲，老、莊所謂「無極」，乃是使用詞語描述意義；然而，周敦頤所謂「無極」，則是使用範疇意義。能意識到二者之分判，誠屬難得！只不過，朱熹本人對於「無極」之說，發於實際言談，猶不免落在詞語描述意義上，實未及範疇層面，其言：

若論「無極」二字，乃是周子灼見道體，迥出常情，不顧旁人是非，

> 不計自己得失，勇往直前，說出人不敢說底道理，令後之學者曉然
> 得見太極之妙不屬有無，不落方體。若於此看得破，方見得此老眞
> 得千聖以來不傳之秘，非但架屋下之屋、疊牀上之牀而已也。(《朱
> 熹集》卷三十六，〈答陸子靜〉，頁 1575)

太極之妙，不屬有無，不落方體，朱熹認爲，周敦頤提出「無極」二字，乃
是灼見道體，迥出常情，言人之所未言。與其說，「無極」二字爲周敦頤獨到
之見；不如說，是朱熹附驥尾以明己意。對於「無極」二字，得力陳其非疊
床架屋之舉，乃是因爲：朱熹雖欲從範疇層面把握，卻終究流於詞語描述意
義來談。

　　對於「太極」能否以「無極」表述，朱、陸二人各持己見，互不讓步！
然而，在「無極」是否便是「無」的認知上，陸九淵並未直接將二者劃上等
號，朱熹也未曾將「無極」等同於空無一物。

3. 太極是否為理

　　陸九淵認爲，「太極」毋須以「無極」名其無形，故而，從「極」這個字
著手，企圖從文字訓詁上先佔地步，他說：

> 且「極」字亦不可以「形」字釋之。蓋極者，中也，言無極則是猶言
> 無中也，是奚可哉？(《象山先生全集》卷二，〈答朱元晦〉，頁 24)

「極」，既然訓釋爲「中」；那麼，「無極」便是「無中」了，豈有此道理哉！
陸氏原以爲找到堅強的言說理由，豈料，文字訓詁底子紮實的朱熹，以子之
矛，攻子之盾，從訓釋上予陸九淵以回擊，朱熹說道：

> 且夫《大傳》之太極者，何也？即兩儀、四象、八卦之理具於三者
> 之先，而縕於三者之內者也。聖人之意，正以其究竟至極，無名可
> 名，故特謂之太極。猶曰「舉天下之至極無以加此」云爾，初不以
> 其中而命之也。至如「北極」之「極」，「屋極」之「極」，「皇極」
> 之「極」……諸儒雖有解爲中者，蓋以此物之極常在此物之中，非
> 指「極」字而訓之以中也。極者，至極而已。……至於太極，則又
> 初無形象方所之可言，但以此理至極而謂之極耳。(《朱熹集》卷三
> 十六，〈答陸子靜〉，頁 1574)

對於陸氏將「極」字訓釋爲「中」，朱熹指其誤謬處：蓋訓釋爲「中」者，乃
「以此物之極常在此物之中」，而非上下左右方位之中，此其一；至於「太極」
之「極」，是就「理之至極而謂之極」，此其二。就此觀之，陸氏之說，顯然

相形遜色。

關於「極」不應訓釋爲「中」，朱熹在談論《尙書》時，更一再闡述此說之誤，他提到：

> 中，不可解作極。極無中意，只是在中，乃至極之所，爲四向所標準，故因以爲中。如屋極，亦只是在中，爲四向所準。……若只說中，則殊不見極之義矣。
>
> 「皇極」，如「以爲民極」。標準立於此，四方皆面內而取法。皇，謂君也；極，如屋極，陰陽造化之總會樞紐。極之爲義，窮極極至，以上更無去處。
>
> 今人將「皇極」字作「大中」解了，都不是。（《朱子語類》卷七十九，頁 2046）

反觀陸九淵援引〈洪範〉九疇「皇極」居中，據以論證「極」便是「中」，如此一來，朱、陸二人的分歧，便由《易》義理之爭，轉而爲象數問題的針鋒相對，看來，繼「太極」論辯之後，又將引發另一場「皇極」之爭。

朱熹在回覆陸九淵的信中提到，太極「初無形象方所之可言，但以此理至極而謂之極耳」。如果說，陸九淵把「極」訓釋爲「中」，出於其言說必要；那麼，朱熹以「理」釋「太極」，何嘗不也如此。朱熹曾謂：

> 「《易》有太極，是生兩儀。」四象八卦，皆有形狀。至於太極，有何形狀？故周子曰：「無極而太極。」蓋云無此形狀，而有此道理耳。
>
> 「無極而太極」，只是說無形而有理。所謂太極者，只二氣五行之理，非別有物爲太極也。（《朱子語類》卷九十四，頁 2365）

在朱熹的說解之下，「太極」成了理，二氣五行之理，而非物質存在。此說一出，似成不刊之論，歷世不衰，明儒曹端《太極圖說述解》更盛讚道：「太極，理之別名也。」（《四庫全書》第六九七冊，頁 2）又謂：「孔子而後，論太極者皆以氣言。微周子啓千載不傳之祕，則孰知太極之爲理而非氣也哉！」（同上，頁 3）嚴格說來，曹端所謂「啓千載不傳之祕」者，當是指朱熹言說下的周敦頤。誠如明儒劉宗周所言：「千古大道陸沈，總緣誤解『太極』。」（《宋元學案》卷十二，頁 500）隨著「太極」被提升到至高地位，理學也因此蓬勃發展。

關於「無極而太極」命題，朱熹雖已意識到，老氏「無極」之說乃是使用描述意義，而非範疇意義；然而，在實際言說情境中，朱熹猶不免將「無

極」作為描述詞,描述「太極」的無形而有理。問題是,朱熹和周敦頤之意,相距幾何?對此,梁紹輝說道:

> 「無極而太極」既然是周敦頤的哲學命題,則「無極」自然不是對某物的性狀描寫,而是一種客觀存在的物質形式,一種先於「太極」的無形物質形式了。「無極」的無形是「無極」本身內涵所具有的,而「無極」之先於「太極」,則是由「無極而太極」的先後次序體現的。〔註3〕

繼而又謂:

> 他(指周敦頤)的「無極」雖然不能確定,但他的「太極」是確定的。「太極」的確定性在於「陰陽未判」的本原性。「無極而太極」即在傳統的以「太極」為本原的基礎上,推出更高更遠的「無極」這個本原。「無極」是「太極」之前更為原始的物質。〔註4〕

梁紹輝認為,周敦頤《太極圖說》以「無極」為「太極」之前,更為原始的物質。若按此說,則「無極」與「太極」乃是生成關係,由此推論,「無極而生太極」與「自無極而為太極」的表述,反倒符合周說本意。值得注意的是,束景南提出另一看法,他說:

> 周敦頤本來是採用道圖正反順逆的解說方法,描述順的太極→陰陽→五行→萬物(人)的宇宙生化過程與逆的萬物(人)→五行→陰陽→無極的萬物復歸過程,首句作為總起一句的概括這一宇宙順逆往還生生不已的總過程,本來就是可以獨立成段,涵蓋全文,……也許更高度準確表達了周敦頤的宇宙順逆往還生生不已的易理思想。……也至少可以證明絕不可能作「自無極而為太極」。〔註5〕

若參之以當時圖書之風,加上周敦頤本身與道人的往來,其接觸道圖並非難事。在肯定《太極圖說》乃配合〈太極圖〉而作,那麼,圖說與圖式必須能夠相符,方足以具有說服力。在可見的〈太極圖〉圖式中,並未見到「太極」之上還有一層「無極」的存在,能否如梁紹輝所言,周敦頤以「無極」為「太極」之上,更為原始的物質存在,就此觀之,似乎說服力不足!

若吾人肯定,「無極而太極」命題,不單單指出「無極」與「太極」是生

〔註3〕梁紹輝:《周敦頤評傳》,南京大學出版社,1994年,頁151。
〔註4〕同註3,頁154。
〔註5〕束景南:《朱子大傳》,福建教育出版社,2000年,頁666。

成關係，「無極」乃「太極」之前更爲原始的物質；那麼，順逆說解的方式，反而更爲概括地表現出生生不已的易理思想，「無極」與「太極」不再是孰先孰後的問題，而是用以順逆雙向說解化生與復歸過程。朱熹把「太極」說成無形而有理，固然出於己身言說需要，然而，這也意味著：他認爲「無極」與「太極」並非生成關係！倘若結合〈太極圖〉觀之，則就這一點而言，朱熹尙不至於過分曲解周敦頤「無極而太極」的命題。

（三）皇極之辨

隨著陸九淵據〈洪範〉皇極之說，訓「極」爲「中」之後，同時意味著：朱、陸「太極」論辯，已經由義理部分轉入象數之談。朱熹更作〈皇極辨〉一文，指陳其說：

> 〈洛書〉九數而五居中，〈洪範〉九疇而皇極居五，故自孔氏傳（按：孔安國《古文尚書傳》）訓皇極爲大中而諸儒皆祖其說。余獨嘗以經之文義語脈求之，而有以知其必不然也。蓋皇者，君之稱也；極者，至極之義，標準之名，常在物之中央而四外望之以取正焉者也。故以極爲在中之準的則可，而便訓極爲中則不可。……〈洛書〉之數所以雖始於一、終於九而必以五居其中，〈洪範〉之疇所以雖本於五行、究於福極而必以皇極爲之主也。（《朱熹集》卷七十二，頁 3743 ～3744）

淳熙十三年，完成《易學啓蒙》；淳熙十五年，完成《周易本義》，此時年屆五十九歲的朱熹，已然確立其易學圖書象數體系。因此，當朱、陸「太極」論辯轉而爲「皇極」之爭，熟諳象數易學的朱熹，便握有更多論證籌碼，使得陸九淵也不免感到一股無形壓力。

朱熹從嚴謹考證立場指出，陸九淵將「皇極」之「極」訓釋爲「中」，乃是據孔安國之言。對此，朱熹說道：

> 而自漢以來，迄今千有餘年，學士大夫不爲不眾，更歷世變不爲不多，幸而遺經尚存，本文可考，其出於人心者又不可得而昧也，乃無一人覺其非是而一言以正之者，使其患害流于萬世，是則豈獨孔氏（按：孔安國）之罪哉！予於是竊有感焉，作〈皇極辨〉。（《朱熹集》卷七十二，〈皇極辨〉，頁 3747）

陸九淵看似振振有詞的論據，在朱熹條分屢析之下，卻顯得不堪一擊！朱熹首先指出，將「皇極」訓釋爲「大中」，乃孔安國《古文尚書傳》的意見；其

次，朱熹仔細探求尚存經文的文義語脈，更見「極」乃至極之義、標準之名，而不是「中」。至此，答案逐漸撥雲見日：孔安國之說既然禁不起朱熹的檢驗，那麼，陸九淵的立論依據，便不攻自破，高下立見。

總的來說，朱熹與陸九淵由「太極」論辯發展而來的「皇極」之爭，最後雖不了了之，然而，卻也見出二人學說體系相異之處。陸九淵曾說：

> 有一物，必有上下，有左右，有前後，有首尾，有背面，有內外，有表裏，故有一必有二，故曰一生二。有上下、左右、前後、表裏，則必有中，中與兩端，則為三矣，故曰二生三。故太極不得不判為兩儀，兩儀之分，天地既位，則人在其中矣。三極之道，豈作《易》者所能自為之哉！（《象山先生全集》卷二十一，〈三五以變錯綜其數〉，頁 255）

堅持將「極」訓釋為「中」的陸九淵，表現在把握事物發展過程，亦著眼於對立兩端之「中」，這一點，顯然和朱熹不同。就性質而言，朱、陸太極論辯，誠屬易學領域的對話，即便後來轉而為皇極之爭，也涉及〈洛書〉數理之說；從義理易學跨足象數易學的朱熹，於此際，更由於吸收邵雍先天之學，故而在把握事物發展過程，更加重視「一分為二」之見，和陸九淵著眼點不盡相同。

三、總結太極之辯

乾道年間，朱熹作《太極圖說解》時，對於〈太極圖〉淵源問題尚不瞭解，其確立「一分為二」的辯證原則，更已是淳熙年間之事，這當中，經過了將近十年歲月的沈潛探討。

淳熙十四年前後，朱熹陸續完成了《易學啟蒙》、《通書注》以及《周易本義》。淳熙十四年，朱熹從〈河圖〉、〈洛書〉推衍出七八九六之數，欣喜地告訴蔡元定：

> 前日七八九六之說，於意云何？近細推之，乃自〈河圖〉而來。（即老兄所謂〈洛書〉者。）欲於《啟蒙》之首增此一篇，并列〈河圖〉、〈洛書〉以發其端。……〈河〉〈洛〉辨說甚詳，然皆在夫子作傳之後，其間極有不足據以為說者。鄙意但覺九宮之圖意義精約，故疑其先出。而八卦、十數、九疇、五行各出一圖，自不相妨。故有虛中為《易》，實中為《範》之說，自謂頗得其旨。（《朱熹集》卷四十四，〈答蔡季通〉，頁 2066～2067）

此時，朱熹對於〈河圖〉、〈洛書〉數理已是深有所得，於〈洪範〉之說更見純熟。故而，當陸九淵引〈洛書〉九數而五居中，〈洪範〉九疇而皇極居五，據以訓「極」爲「中」，朱熹便能不疾不徐地予以反擊，且略佔上風。

　　如果說，乾道年間《太極圖說解》與《西銘解》的初成，確立了朱熹「理一分殊」思想；那麼，吸收邵雍先天數學「加一倍法」，於淳熙年間完成的《易學啓蒙》，則意味著：朱熹已確立其「一分爲二」的哲學原則。與此同時，《太極圖說》中的太極之理，也隨著朱熹《通書注》的完成，從「分殊」上瞭解太極之「理一」，對此，朱熹曾提到：

> 獨此一篇本號《易通》，與《太極圖說》并出，程氏以傳於世，而其爲說實相表裏。大抵推一理、二氣、五行之分合，以紀綱道體之精微，決道義文辭祿利之取舍，以振起俗學之卑陋。……比年以來，潛玩既久，乃若粗有得焉。雖其宏綱大用所不敢知，然於其章句文字之間，則有以實見其條理之愈密，意味之愈深而不我欺也。顧自始讀以至于今，歲月幾何？庶焉三紀。慨前哲之益遠，懼妙旨之無傳，竊不自量，輒爲注釋。（《朱熹集》卷八十一，〈周子通書後記〉，頁4209）

在他看來，互爲表裡的《太極圖說》與《通書》，「大抵推一理、二氣、五行之分合，以紀綱道體之精微」。《通書》之「誠」配上《太極圖說》之「太極」，「善惡」配「陰陽」，「五常」配「五行」。一部《通書》，可謂發明《太極圖說》陰陽二端之理。〔註6〕

　　除了和陸九淵的太極論辯，朱熹與同時代林栗、洪邁、陸九韶等人都曾交過鋒；其中，林栗與洪邁係出於政治尋釁，刻意將周敦頤之說與老氏混爲一談，藉以打擊朱熹，然而，朱熹卻於此間逐漸完備學說體系。

　　綜觀朱熹所面對的「太極」論辯，就性質而言，乃是屬於易學領域之論。隨著論辯發展，這場易學之爭，已由義理之章（太極章）轉而爲象數之章（揲蓍章），也意味著：朱熹逐漸從義理易學跨足圖書象數易學，且將周敦頤「太極學」與邵雍「先天學」有機結合起來，將太極之「理」與先天之「數」巧

〔註6〕《通書·誠上》章記載：「誠者聖人之本」，言「太極」。「『大哉乾元！萬物資始』，誠之源」，言陰陽五行。「『乾道變化，各正性命』，誠斯立焉」，言氣化。（《朱子語類》卷九十四，頁2389）《通書·聖學》章記載，人問「聖可學乎云云。一爲要。」朱熹闡述道：「須是理會得敬落著處。若只塊然守一箇『敬』字，便不成箇敬。……一即所謂太極。靜虛、明通，即圖之陰靜；動直、公溥，即圖之陽動。」（《朱子語類》卷九十四，頁2406）

妙綰合。

第三節　朱熹醫易太極思維

一、物物一太極

　　朱熹較爲深入地接觸醫說，大抵於南康任上，約莫五十歲左右之事。其與道人崔嘉彥的結識，一方面相與談論丹道之說，另方面也從崔氏處習得診脈之學；同時期，朱熹又與南康易學大家郭雍相往來，切磋易學之外，也聽聞其論醫之言。誠然，朱熹並未有意著述醫學理論，並將理學思想灌注其中，但無心插柳，卻也使得「太極」思想作爲一種方法論的思考，深入醫學領域，並枝繁葉茂地發展開來，爲醫家建立一套理論模式。究其原因，或許得拜爾後執政者之賜，將朱熹理學提到儒學正宗地位！帶著僞學枷鎖辭世的朱熹，對於這樣的轉變，恐怕始料未及。

　　繼承程頤易學，兼採張載氣論、邵雍象數之說，朱熹以「太極」爲其易學最高範疇。周敦頤《太極圖說》將「太極」引進理學體系，文中曾經提到：「無極而太極，太極動而生陽，動極而靜，靜而生陰，靜極復動，一動一靜，互爲其根，分陰分陽，兩儀立焉。」宋人對周敦頤「太極」之說，大抵有三種理解方式：1、邵雍以「數」說太極：認爲太極一也，不動生二，神也。並認爲於人則「心爲太極」，於天地則「道爲太極」。2、以張載爲代表：認爲「太和之氣」爲世界本原，而言「一物而兩體，其太極之謂與？」3、以朱熹爲代表：主張以「理」說「太極」。

　　朱熹以「理」釋「太極」的觀點，貫徹在其言說內容當中，舉其要者，大抵如下：

> 易者，陰陽之變。太極者其理也。（《周易本義》，頁 599）

> 蓋合而言之，萬物統體一太極也；分而言之，一物各具一太極也。（《太極圖說解》，《朱子全書》第拾參冊，頁 74）

> 陰陽只是陰陽，道是太極。程子說所以一陰一陽者，道也。……太極是個極好至善的道理。人人有一太極，物物有一太極。（《朱子語類》卷九十四，二三七一）

乾道年間，朱熹初成《太極圖說解》時，便確立了「理一分殊」之說，「萬物

統體一太極」、「一物各具一太極」之見，早已根深蒂固地深植朱熹心中，而
「人人有一太極，物物有一太極」，更是深刻地影響明清以降醫家學說。

　　明嘉靖、萬曆年間的孫一奎，因長年侍奉體弱多病的父親，而思「事親
者不可不知醫」，於是拜入黃古潭門下，懸壺濟世三十餘年，頗負醫名。對於
「太極」之理，身爲醫家的孫一奎說道：

> 天地萬物，本爲一體。所謂一體者，太極之理在焉。故朱子曰：太
> 極只是天地萬物之理。在天地統體一太極；在萬物，萬物各具一太
> 極。即陰陽而在陰陽，即五行而在五行，即萬物而在萬物，夫五行
> 異質，四時異氣，皆不能外乎陰陽。陰陽異位，動靜異時，皆不能
> 離乎太極。人在大氣中，亦萬物中一物爾，故亦具此太極之理也。(《太
> 極圖抄引》，《四庫全書》第七六六冊，頁 1080)

又，清代名醫吳瑭也曾闡述「太極」之理。吳瑭之所以從醫，與孫一奎的動
機相同，他曾自述道：「緣瑭十九歲時，父病年餘，至于不起。瑭愧恨難名，
哀痛欲絕，以爲父病不知醫，尚復何顏立天地間？遂購方書，伏讀于苫塊之
餘，至張長沙『外逐榮勢，內忘身命』之論，因慨然棄舉子業，專事方術」(《問
心堂溫病條辨・自序》，頁 645)。對於「太極」之理，他說道：

> 古來著本草者，皆逐論其氣味性情，未嘗總論夫形體之大綱，生長
> 化收藏之運用，茲特補之。蓋蘆主生，幹與枝葉主長，花主化，子
> 主收，根主藏，木也；草則收藏皆在子。凡幹皆升，蘆勝於幹；凡
> 葉皆散，花勝於葉；凡枝皆走絡，須勝於枝。凡根皆降，子勝於根。
> 由蘆之升而長而化而收，子則復降而升而化而收矣。此草木各得一
> 太極之理也。(《溫病條辨・草木各得一太極論》，頁 866)

朱熹太極論作爲一種思考方法的提點，影響所至，不僅是人身萬物皆具一太
極，甚而，醫家將之運用到本草學上，如吳瑭所言，認爲草木亦具一太極。

　　若嚴格區分朱熹太極論，那麼，不同言說情境，實展現相異陳述方式。
就化生萬物而言，其謂：

> 一片底便是分做兩片底，兩片底便是分作五片底。做這萬物、四時、
> 五行，只是從那太極中來。太極只是一箇氣，迤邐分作兩箇；氣裡
> 面動底是陽，靜底是陰。又分作五氣，又散爲萬物。(《朱子語類》
> 卷三，頁 41)

觀此敘述語氣，顯然受到張載及醫家《內經》元氣宇宙論的影響；然而，當

他談到世界本源問題時，則謂：「總天地萬物之理，便是太極。」（《朱子語類》卷九十四，頁 2375）「氣之所聚，理即在焉。然理終為主，此即所謂妙合也。」（《朱熹集》卷四十九，〈答王子合〉，頁 2366）理（太極）與氣，於此，則成了主從關係的存在。

如果說，朱熹吸收了醫家的元氣說，據以成就其宇宙論；那麼，朱熹「人人一太極」、「物物一太極」之見，也反過頭來，從方法論的層次，對醫家裨益良多。

二、朱熹太極思維

一個成熟的理論或學說，基本上，包括由淺到深三個層次：具體理論層次、基本思想層次、思維方法層次。此處，就「太極」談朱熹醫易會通問題，在基本思想層次上，展現為天人相應、天人相參的思想，其聯繫點，便在於朱熹「物物一太極」對於醫家的啟發；在象數思維層次上，則展現為一種思考方法的指點。朱熹以「理」釋「太極」，此理如月映萬川，無處不在，不為天地所獨有，不為人類所獨專；然而，一一分殊之理，最終，統體一太極，達到更高層次的統一。

《內經》認為，人與天地相參，人身如同一個小天地般，型態結構與天地是相應的，這便是《靈樞·歲露》所謂「人與天地相參也，與日月相應也」。（《靈樞》卷十二，頁 5）人與自然之間相依相存，醫家認為，自然界存在的現象，在一定程度上，可用以解釋人體生理現象及病理變化。至於自然天地與人體如何相應，以圖示之，則為：

天 地	——————————（相應）——————————	人 體

三陰三陽六氣 ———————————— 三陰三陽六經之氣
五行之氣 ———————————————— 五臟之氣
三百六十五日 ———————————— 三百六十五節
九分為九野 ———————————————— 九野為九臟
十二經水 ———————————————— 十二經脈
四海（東西南北）———————————— 四海（髓、氣、血、水穀）
日　月 ————————————————— 二　目

實則，易學三才之道，也將天、地、人合而觀之，而謂：「立天之道曰陰與陽，立地之道曰柔與剛，立人之道曰仁與義。」（〈說卦傳〉）

有宋一朝，儒醫文化現象蔚爲時代風尙，不少學思淵博的讀書人，紛紛投入醫學領域，爲醫說灌注新的活力；同時，也將理學精深的義理思辨能力，嚴謹的治學態度，豐富的理論學說，一併帶入醫學界。明清以降，隨著朱熹學說成爲儒學正宗，其太極思想作爲一種方法論的指點，實裨益醫家良多，甚而超出《內經》固有之說，向醫學未知之領域持續探勘。

第七章　朱熹醫易會通之陰陽象數思維

關於陰陽，朱熹曾經說道：「《易》只是箇陰陽。……如奇耦、剛柔，便只是陰陽做了《易》。……如醫技養生家之說，皆不離陰陽二者。魏伯陽《參同契》，恐希夷之學，有些自其源流。」〔註 1〕由此觀之，易家、醫家、甚至於丹家，皆以「陰陽」爲學說理論的重要範疇。

置身儒醫文化風氣的朱熹，援儒以知醫，在閱讀醫家典籍上，並沒有太大困難；然而，崔嘉彥所授神農醫術、診脈之學，卻也道出，朱熹曾由道徒處習得醫說，由道而知醫，因此，談論朱熹醫易會通問題，有必要將丹家之說納入討論。

以下分成三方面探討：一、醫家陰陽思想；二、朱熹陰陽思想；三、朱熹醫易陰陽象數思維。

第一節　醫家陰陽思想

一、醫家之氣

就字形結構觀之，「氣」乃是由「气」與「米」結體成字，《說文解字》謂其：「雲氣也，象形。」隨著文字演變、字義發展，「氣」逐漸被視爲生命基本物質。如果說，人是藉由食五穀以維持生理機能運作，那麼，此氣已是所謂「後天之氣」；與「氣」字有關，尚有「炁」字，指稱無思無慮、無火燥動的眞氣境界。

〔註 1〕《朱子語類》卷六十五，頁 1605。

蓋本於先天者，總屬一氣；成於後天者，辨爲六名。《內經》有精、氣、津、液、血、脈六氣，名爲「決氣」。文曰：

> 黃帝曰：「余聞人有精、氣、津、液、血、脈，余意以爲一氣耳，今乃辨爲六名，余不知其所以然。」岐伯曰：「兩神相搏，合而成形，常先身生，是謂精。」「何謂氣？」岐伯曰：「上焦開發，宣五穀味，熏膚、充身、澤毛，若霧露之漑，是謂氣。」「何謂津？」岐伯曰：「腠理發泄，汗出溱溱，是謂津。」「何謂液？」岐伯曰：「穀入氣滿，淖澤注于骨，骨屬屈伸，洩澤，補益腦髓，皮膚潤澤，是謂液。」「何謂血？」岐伯曰：「中焦受氣，取汁，變化而赤，是謂血。」「何謂脈？」岐伯曰：「壅遏營氣，令無所避，是謂脈。」(《靈樞‧決氣》卷六，頁 2)

「決氣」之決，乃分別、辨別之意。精、氣、津、液、血、脈，生於後天，實則本於先天，總屬一氣。

《黃帝內經》中的《素問》部分，意即「問素」，也就是追問生命的本源。《周易乾鑿度》有云：「太初者，氣之始也。太始者，形之始也。太素者，質之始也。」(《四庫全書》第五三冊，頁 868) 此處所謂之「質」，便是自然生命的本源所在。

人體生命機能正常運作，實有賴「氣」的運行，今以《內經》當中的營衛之氣說明之。《內經》有云：

> 人受氣于穀，穀入于胃，以傳與肺，五藏六府，皆以受氣，其清者爲營，濁者爲衛，營在脈中，衛在脈外，營周不休，五十而復大會，陰陽相貫，如環無端，衛氣行于陰二十五度，行于陽二十五度，分爲晝夜，故氣至陽而起，至陰而止。故曰：日中而陽隴爲重陽，夜半而陰隴爲重陰。故太陰主內，太陽主外，各行二十五度，分爲晝夜，夜半爲陰隴，夜半後爲陰衰，……夜半而大會，萬民皆臥，命曰合陰，平旦陰盡而陽受氣。如是無已，與天地同紀。(《靈樞‧營衛生會》卷四，頁 8)

營氣與衛氣，隨著日夜陰陽升降，相應地產生規律變化，反映人體生命節律：平旦之時，陽氣生；日暮之際，陽氣衰。營衛之氣，便於此間流轉運行。「五十而復大會」，指營衛之氣晝夜運行人體五十周次，且於夜半子時，萬民皆臥，陰氣極盛，陽氣將生之刻，屬陰之營氣在內，屬陽之衛氣亦在內，故二者之

合，名曰「合陰」。由此看來，人體機能的盛衰之變，表現在生理指標上，亦有規律波動可尋，以現代科學名詞而言，近似於「生理時鐘」之說，故而，一般認爲夜裡十一時必須就寢入眠之說，就醫家角度觀之，實有其持論之據。

健康，來自於陰陽之氣平衡；而病痛之所生，乃出於體內之氣失卻平衡狀態，未能穩定和諧。視生命爲有機整體的中醫，除了藥石之功，尚重視精神志意相配合，《內經》有云：

> 鍼石，道也。精神不進，志意不治，故病不可愈。今精壞神去，榮
> 衛不可復收，何者？嗜欲無窮，而憂患不止，精氣弛壞，榮泣衛除，
> 故神去之，而病不愈也。（《素問・湯液醪醴論》卷二，頁 10）

就醫者而言，針非正氣，不能驅使，藥非正氣，無以運行，縱使針石之道，猶需醫者施治時，守神以行之；就病者而言，其精神志意必須與醫者相合，心存懷疑，姑妄試之，藥石再好，恐亦乏效，故謂「神去之而病不愈也」。

總的來說，醫家言氣，不單只就「氣」而言，至少，《內經》已普遍重視「精」、「氣」、「神」，並將其運用至養生之說方面，其云：

> 上古之人，其知道者，法于陰陽，和于術數，食飲有節，起居有常，
> 不妄作勞，故能形與神俱，而盡終其天年，度百歲乃去。今時之人
> 不然也，以酒爲漿，以妄爲常，醉以入房，以欲竭其精，以耗散其
> 眞，不知持滿，不時御神，務快其心，逆于生樂，起居無節，故半
> 百而衰也。（《素問・上古天眞論》卷一，頁 2）

其意以爲，上古之人所以能夠「形」與「神」俱，乃是出於規律化、簡單化的生活作息，飲食有節，起居有常，不妄作勞，故而，得以盡終天年；相反地，時人不知愛精保神，調養神氣，故而，年未半百，未老先衰。

二、內經陰陽象數思想

陰陽，乃傳統中醫學根本思想，《內經》當中便曾提到：「陰陽者，天地之道也，萬物之綱紀，變化之父母，生殺之本始，神明之府也。」（《素問・陰陽應象大論》卷一，頁 18）陰陽之道，實爲自然界的根本規律；而大千世界萬有之象，究其本初，亦只是陰陽之道，《內經》記載有云：

> 黃帝問曰：余聞天爲陽，地爲陰，日爲陽，月爲陰，大小月三百六
> 十日成一歲，人亦應之。今三陰三陽，不應陰陽，其故何也？岐伯
> 曰：陰陽者，數之可十，推之可百，數之可千，推之可萬，萬之大，

不可勝數，然其要一也。

天覆地載，萬物方生，未出地者，命曰陰處，名曰陰中之陰；則出
地者，命曰陰中之陽。陽予之正，陰爲之主。故生因春，長因夏，
收因秋，藏因冬，失常則天地四塞。陰陽之變，其在人者，亦數之
可數。（《素問·陰陽離合論》卷一，頁 29）

三陰者，太陰、少陰、厥陰；三陽者，太陽、少陽、陽明。黃帝言：「三陰三
陽，不應陰陽」，乃就其「離」而言，指太陰、少陰、厥陰、太陽、少陽、陽
明；岐伯之答，則就其「合」而言，三陰歸於一陰，三陽歸於一陽，其要「一」
也，即陰陽之道也。

五行，與陰陽密不可分，在《內經》中同樣常被論及。《素問·生氣通天
論》云：「其生五，其氣三，數犯此者，則邪氣傷人，此壽命之本也。」（《素
問》卷一，頁 9）此處所謂的「五」即五行，「三」指三才。文中認爲，人之
生，皆具備五行，此五行之理貫通天、地、人三才，必須和順陰陽，方得平
衡穩定。五行與三才之氣，相合則無事；若相衝突，則邪氣生，木生風邪，
火生熱邪，土生濕邪，金生燥邪，水生寒邪，性命堪虞。

（一）三陰三陽之象

《周易·繫辭傳》有云：「易有太極，是生兩儀，兩儀生四象。」兩儀，
指陰陽而言；衍而爲四象，陰中之陽謂之「少陽」，陽中之陰謂之「少陰」，
陽中之陽爲「老陽」，陰中之陰爲「老陰」。醫家有取於此，以陰陽互藏互根
爲依據，發展出三陰三陽之說。《內經》有言：

陰陽之氣各有多少，故曰三陰三陽也。……寒暑燥濕風火，天之陰
陽也，三陰三陽上奉之。木火土金水，地之陰陽也，生長化收藏下
應之。天以陽生陰長，地以陽殺陰藏。天有陰陽，地亦有陰陽。……
故陽中有陰，陰中有陽。……陰陽相錯，而變由生也。（《素問·天
元紀大論》卷六，頁 28～29）

陰陽之氣，以陽氣最多者爲「太陽」，其次「陽明」，再次「少陽」；以陰氣最
盛者爲「太陰」，其次「厥陰」，再次「少陰」。天本於陽，然陽中有陰；地屬
於陰，然陰中有陽，正因爲「天有陰陽」，陰陽作用，天氣方能下降，也因爲
「地有陰陽」，陰陽互成，地氣得以上升，交相往來，感應互通，萬物始成。

與「三陰三陽」之說相同，《內經》「十二經脈」也受到易學象數模式的
影響。在《內經》之前的醫書，雖已有經脈之說，然而，卻沒有對應完整的

「三陰三陽」之名，一九七三年，湖南長沙馬王堆，出土了珍貴的早期醫書資料，該批帛書的問世，更凸顯了《內經》「三陰三陽」之說的進步。馬王堆出土醫書中，專論「經絡」者，有《足臂十一脈灸經》及《陰陽十一脈灸經》甲本、乙本，張其成曾將之與《靈樞・經脈》製圖比較，〔註2〕今引述如下：

《足臂十一脈灸經》	1. 足泰（太）陽脈	7. 臂泰（太）陰脈
	2. 足少陽脈	8. 臂少陰脈
	3. 足陽明脈	9. 臂泰（太）陽脈
	4. 足少陰脈	10. 臂少陽脈
	5. 足泰（太）陰脈	11. 臂陽明脈
	6. 足厥陰脈	
《陰陽十一脈灸經》	1. 巨陽脈	10. 臂巨陰脈
	2. 少陽脈	11. 臂少陰脈
	3. 陽明脈	4. 肩脈
	9. 少陰脈	5. 耳脈
	7. 太陰脈	6. 齒脈
	8. 厥陰脈	
《靈樞・經脈》	7. 膀胱足太陽之脈	1. 肺手太陰之脈
	11. 膽足少陽之脈	5. 心手少陰之脈
	3. 胃足陽明之脈	6. 小腸手太陽之脈
	8. 腎足少陰之脈	10. 三焦手少陽之脈
	4. 脾足太陰之脈	2. 大腸手陽明之脈
	12. 肝足厥陰之脈	9. 心主手厥陰心包絡之脈

　　《內經・靈樞》多出的「手厥陰」脈，恐非出於一時醫學新見，十二經脈陰陽對稱的提法，與《周易》象數思維若合符節，唯有添上「手厥陰」脈，方得以完成陰陽對稱的框架結構。

　　《內經》三陰三陽之說，雖來源於《周易》四象的啓發，然而，其具體內容實爲醫家創見。關於「三陰三陽」離合情況，《內經》曾說道：

　　　三陽之離合也，太陽爲開，陽明爲闔，少陽爲樞。三經者，不得相失也，搏而勿浮，命曰一陽。……三陰之離合也，太陰爲開，厥陰爲闔，少陰爲樞。三經者，不得相失也。搏而勿沈，名曰一陰。（《素

────────────

〔註 2〕張其成：《東方生命花園——易學與中醫》，頁 131。

問・陰陽離合論》卷一，頁 30）

太陽者，三陽也，「太陽爲開」，謂敷暢陽氣，發之於外，爲三陽之表；陽明者，二陽也，「陽明爲闔」，謂收納陽氣，蓄之於內，爲三陽之裡；少陽者，一陽也，「少陽爲樞」，謂轉樞陽氣，使之介於表裡之間，可出可入，故謂之樞軸。太陽、陽明、少陽，雖各有其體，然則，陽脈多浮，過浮則致病，猶須得陽和。同理可推太陰、厥陰、少陰「開」、「闔」、「樞」之說，又，陰脈性沈，過沈則爲病，須得沈搏有神，方得陰脈中和之體。

（二）陰陽整體聯繫

自《黃帝內經》以來，醫家所謂的「陰陽」，大抵可以從兩方面把握：1、就屬性觀之；2、就動態角度觀之。首先，就屬性談起。「陰陽」，代表兩種相異屬性，以自然界而言，有寒溫之別，以人體而言，五臟六腑皆可以陰陽區分之，此即《內經》所謂：「陰陽者，數之可十，推之可百；數之可千，推之可萬；萬之大不可勝數，然其要一也。」（《素問・陰陽離合論》卷一，頁 29）

其次，就動態角度談起。人之一身，有賴陰陽之氣出入升降，以維持正常機能運作，臟腑經絡，各司其職，傳遞生命訊息，牽一髮而動全身，因此，中醫治病，並非頭痛醫頭、腳痛醫腳，而是整體把握，一體觀之；此外，人體陰陽之氣，猶須與自然界取得平衡，生命律動與大自然規律同其步調，應物而不傷，方得以神清氣爽，舒朗無恙。以脈象爲例，四時陰陽消長，也對應著人體不同脈象之徵，對此，《內經》曾經提到：

> 萬物之外，六合之內，天地之變，陰陽之應，彼春之煖，爲夏之暑，彼秋之忿，爲冬之怒，四時之動，脈與之上下。以春應中規，夏應中矩，秋應中衡，冬應中權。（《素問・脈要精微論》卷二，頁 19）

秋忿、冬怒，此處所謂「忿」與「怒」，乃是「涼」與「寒」的代詞。春暖、夏暑、秋涼、冬寒，四季變動，人之脈象，亦與之相應，上下浮沈。春脈軟弱，清虛而滑，如規之象圓而動；夏脈弘大，如矩之象方正而盛；秋脈若浮毛輕散，如衡之取其平；冬脈若石之兼沈，如權之象下垂貌。《內經》以「規、矩、衡、權」發明陰陽升降之理，說明四時與脈象相應關係，展現人與自然之間相應的生命節奏。

陰陽雖爲對立屬性，然而，其和諧統一的平衡狀態，方爲醫家所追求的相對穩定。就人身陰陽而言，表現爲陰中有陽，陽中有陰，互根互藏，對此，《內經》曾云：

　　夫言人之陰陽，則外爲陽，內爲陰；言人身之陰陽，則背爲陽，腹
爲陰；言人身之藏府中陰陽，則藏者爲陰，府者爲陽。肝、心、脾、
肺、腎，五藏皆爲陰；膽、胃、大腸、小腸、膀胱、三焦，六府皆
爲陽。所以欲知陰中之陰、陽中之陽者何也？爲冬病在陰，夏病在
陽，春病在陰，秋病在陽，皆視其所在，爲施鍼石也。故背爲陽，
陽中之陽，心也；背爲陽，陽中之陰，肺也；腹爲陰，陰中之陰，
腎也；腹爲陰，陰中之陽，肝也；腹爲陰，陰中之至陰，脾也。此
皆陰陽表裡，內外雌雄，相輸應也，故以應天之陰陽也。（《素問·
金匱眞言論》卷一，頁 15～16）

以上文字，形諸圖表，則可表示爲：

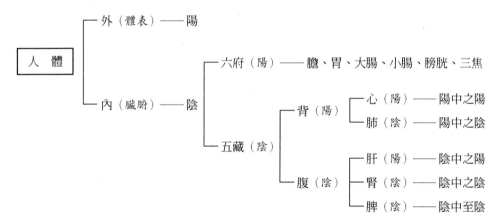

　　無「陽」，「陰」未能獨存；無「陰」，「陽」無由對顯。正因爲有差異，
一切才有了變化；因爲有對立，陰陽之間，此消彼長，此生彼息，方造就活
潑流動的大化生命。相應於大自然的陰陽遞嬗，陰陽互藏互含，人體不啻爲
另一小天地，擁有陰陽之氣暢流遍布，表裡之徵呈現生命之象，脈搏心動體
現生命之數，藉由象數，人們得以把握摸不著、卻感覺得到的生命源泉——
「氣」的存在。

　　以人爲整體，運用陰陽互根互藏之道，醫家在實際看診時，同樣體現此
種觀點。《內經》中便曾記載道：

　　　　故善用鍼者，從陰引陽，從陽引陰，以右治左，以左治右，以我知
　　　　彼，以表知裡，以觀過與不過之理，見微得過，用之不殆。善診者，
　　　　察色按脈，先別陰陽；審清濁而知部分；視喘息，聽音聲而知所苦；
　　　　觀權衡規矩而知病所主；按尺寸，觀浮沈滑澀而知病所生以治，無

過以診，則不失矣。(《素問‧陰陽應象大論》卷一，頁 27～28)

中醫看病，望、聞、問、切四診合參，整體把握。首先，望其氣色，察其脈象，以區別病證的陰陽屬性。其次，聞其音聲，視其喘息，以知其所苦。醫家認為，聲大而緩，苦於病脾；聲輕而勁，苦於病肺；聲調而直，苦於病肝；聲和而美，苦於病心；聲沈而深，苦於病腎。又，視其喘息，喘粗氣者，熱有餘；喘集氣者，寒不足；息高者，心肺有餘；吸氣弱者，肝腎不足。至於「用針」，更可見從陰引陽，從陽引陰，調理陰陽，平衡經氣之道。醫家認為，病在上者陽也，病在下者陰也，故而，「病在上者下取之，病在下者高取之；病在頭者取之足，病在足者取之膕。」(《靈樞‧終始》卷二，頁 11)

（三）陽主陰從的發展

醫家關於陰陽之說，雖肯定陰陽平衡，然則，《內經》認為，人體內部以陽為本，陽氣既固，陰必從之。尤其在理學興盛之後，「陽尊陰卑」觀念深植人心，對於醫說多所裨益的《周易》，不但提供醫學理論所需架構，更將「陽主陰從」之說深入醫學，當理學躍居官方地位之際，易學儼然以先驗模式指導著醫學的發展。誠然，理論可以被放在封閉系統中檢視、討論，但醫學的特殊性卻在於，它必須與實際臨床相結合，而不能僅滿足於理論的完美性，無視於實際情況需要。

宋代以來，儒醫現象普遍，不少儒者棄舉業，轉而潛研岐黃之學；其中，不乏理學中人轉而習醫者。素來接受理學薰陶之人，轉換角色，多少會將「陽尊陰卑」觀念帶入醫學，這種出於治世需要的既有觀念，運用在實際醫學上，則需仔細分判，方不致落入誤區。對此，清代名醫章楠便曾說道：

> 則乾陽為統天，而萬物資始。坤陰為順承，而萬物資生。既以順承為用，而比之人情世事，則如妻道、臣道也。故以乾比君德，而曰陽尊；坤比母儀，而曰陰卑。此尊卑二字，原從人情世事上立名，非陰陽之理，固有尊卑。所以言一陰一陽之謂道，見得二氣流行，生化萬物，其性能不同，其功用則一。……則尊卑扶抑之說，全是儒家為治世之道設喻而已。(《醫門棒喝‧論易理》卷三，《續四庫全書》，第一〇二九冊，頁 113～114)

章楠，字虛谷，會稽（今浙江紹興）人。有鑑於劉完素、張從正、李杲、朱震亨「金元四大家」，言說各執一端之偏，或論外邪，或論內傷，或主補氣，或主滋陰，故而，著有《醫門棒喝》一書，希冀補弊溯源，以成保衛性命之

功。該書指出，陽尊陰卑、扶陽抑陰之說，乃出於儒家治世之道，當與醫家治病之道明確區分，不可混為一談；以醫國手自居的理學研究者，縱無法挽世局於沈痾，亦不當置醫學於理學窠臼，以致造成誤判。

　　就臨床實踐而言，人體陰陽應維持平衡狀態，這一點，普遍獲得醫家肯定，朱震亨曾說：「氣為陽宜降，血為陰宜升，一升一降無有偏勝是謂平人」（《局方發揮》，《四庫全書》第七四六冊，頁 694），張介賓也認為：「以精氣分陰陽，則陰陽不可離」（《景岳全書・補略》，《四庫全書》第七七八冊，頁 411）；然而，醫史上「陽常有餘，陰常不足」與「陽非有餘，陰常不足」的對立，卻也是不爭的事實。

　　具有理學家背景的朱震亨，溯其淵源，可推至朱熹一派，因此，其主張「陽常有餘」之說，乃據參究太極之理時，以「天之陽氣為氣，地之陰氣為血」（《格致餘論・陽有餘陰不足論》，《四庫全書》第七四六冊，頁 640），故謂氣常有餘，血常不足，遂發展出「滋陰學派」；相對地，張介賓則持「陽非有餘，陰常不足」之說。起初，張介賓亦贊同朱震亨「陽常有餘」的觀點，然而，衡諸《素問・生氣通天論》之語：「陰平陽祕，精神乃治，陰陽離決，精氣乃絕」（《素問》卷二，頁 12），有陽無陰則精絕，有陰無陽則氣絕，陰陽離決，非病則亡，因此，陽氣並非充足無虞，故張介賓主「陽非有餘」之說，反對以沈寒苦劣之藥攻伐陽氣，屬於「溫補學派」。

三、內經五行象數思想

（一）五行藏象系統

　　《內經》以「五行」配「五臟」之說，如今已成定論，然則，最初「五行」與「五臟」的對應關係，實經過幾次轉折。今舉其要者表列之，以明《管子》、《月令》、《內經》之說的不同。

	木	火	土	金	水
《管子》	酸	苦	甘	辛	鹹
	脾	肝	心	腎	肺
《月令》	酸	苦	甘	辛	鹹
	脾	肺	心	肝	腎
《內經》	酸	苦	甘	辛	鹹
	肝	心	脾	肺	腎

　　《管子‧水地》篇、《月令》、《內經》在談論「五行」與「五臟」對應關係時，皆以「五味」為言說聯繫，就「五行」與「五味」的對應觀之，三者意見全然相同；然而，一旦聯繫上「五臟」來談，《內經》與《管子》、《月令》的看法，則相去甚遠。究竟孰是孰非，實難以妄下定論，但經過時間的淘洗，《內經》之說畢竟為後世醫家所遵循。

　　就西方醫學角度而言，「五臟」乃是臟器系統，只是血肉之軀的五個器官；但是，對中醫而言，「五臟」指的是五種功能系統：心系統主血脈、主藏神；肝系統主疏泄、主藏血；脾系統主運化、主統血；肺系統主氣、主宣降；腎系統主藏精、主水。這些功能系統無法一一分割，而是相互聯繫，互依互存。

　　不僅人體內部生理機能需要平衡，《內經》更強調人與自然和諧統一，因此，俯仰蒼冥，無不納入「五行」之中，呈現多層次的功能結構網絡。對此，《內經》提到：

> 東方生風，風生木，木生酸，酸生肝，肝生筋，筋生心，肝主目。其在天為玄，在人為道，在地為化，化生五味，道生智，玄生神。神在天為風，在地為木，在體為筋，在藏為肝，在色為蒼，在音為角，在聲為呼，在變動為握，在竅為目，在味為酸，在志為怒。怒傷肝，悲勝怒；風傷筋；燥勝風；酸傷筋，辛勝酸。（《素問‧陰陽應象大論》卷一，頁22）

其餘南方、中央、西方、北方之謂，形諸表格應為：

	天之五氣	地之五行	五　味	五　臟	五　聲	五　變
東　　方	風	木	酸	肝	呼	握
南　　方	熱	火	苦	心	笑	憂
中　　央	濕	土	甘	脾	歌	噦
西　　方	燥	金	辛	肺	哭	咳
北　　方	寒	水	鹹	腎	呻	慄

　　五方生五氣，五氣主五時，從而形成一年當中春溫、夏熱、長夏濕、秋涼、冬寒的氣候變化。天之五氣，化生地之五行，而有木、火、土、金、水。五行之氣，化生五味，依據實物滋味而言：木曲直，曲直則酸；火炎上，炎上作苦；土稼穡，稼穡作甘；金從革，其味近辛；水潤下，浸久成鹵，其味則鹹。再配上五臟，則分別為肝、心、脾、肺、腎。再者，五聲配合五臟：

怒而爲呼，肝之聲；喜則發笑，心之聲；思而得之，發爲歌，脾之聲也；憂而爲哭，肺之聲；恐而太息，腎之聲。若是五臟功能產生病變，亦可藉由外在徵象得之：握拳搐搦，青筋暴顯，恐有肝病；嗳而氣逆，則將氣急攻心；噦即呃逆，頻打嗝，恐傷脾；肺氣不順，上逆則咳；寒水之變，易生戰慄。

相較於「五臟」，膽、胃、小腸、大腸、膀胱、三焦等「六腑」，乃是人體氣機升降之處，以流通物質爲常態。將「五臟」與「六腑」對舉，則臟屬陰，居於裡；腑屬陽，居於表，陰陽表裡，相合相生而運化氣行。中醫認爲，大腸爲肺之表，小腸爲心之表，胃爲脾之表，膽爲肝之表，膀胱爲腎之表，三焦係孤腑而隸屬於膀胱，故而，常言所謂「肝膽相照」之說，實諳於醫理，非信口胡謅。總的來說，醫家將「五臟」功能系統納入五行模式中，並配合「六腑」，表裡內外，周全地把握人的生命訊息，於動態中覓得平衡狀態。

（二）五行聯繫關係

1. 五行生剋

五行相生，指五行之間相互促進、彼此資生的關係，其規律表現爲：木生火，火生土，土生金，金生水，水又生木；五行相剋，亦稱五行相勝，則指五行之間相互制約、彼此克制的關係，其規律表現爲：木剋土，土剋水，水剋火，火剋金，金剋木，隔一致剋。

《內經》將五臟配五行，故而，五臟亦具有五行生剋關係，相互資生、相互制約，對此，《內經》曾說道：

> 五藏受氣於其所生，傳之於其所勝，氣舍于其所生，死于其所不勝。病之且死，必先傳行，至其所不勝，病乃死。此言氣之逆行也，故死。肝受氣于心，傳之于脾，氣舍于腎，至肺而死。心受氣于脾，傳之于肺，氣舍于肝，至腎而死。脾受氣于肺，傳之于腎，氣舍于心，至肝而死。肺受氣于腎，傳之于肝，氣舍于脾，至心而死。腎受氣于肝，傳之于心，氣舍于肺，至脾而死。此皆逆死也。……五藏相通，移皆有次。五藏有病，則各傳其所勝。（《素問‧玉機眞藏論》卷二，頁 32）

五臟疾病，依據五行學說的生剋原則，可推算其傳變規律，把握疾病狀況，今以「肝」爲例說明之，餘則類推。肝（五行屬木），接受己所生之子臟（心，五行屬火）所傳來的病氣，隔一致剋，傳給己所剋之臟（脾，五行屬土）；並

且把病氣留止於生己之母臟（腎，五行屬水），最後傳給剋我之臟（肺，五行屬金），病氣若未得控制，則生命於焉夭遏。由此觀之，一病之起，牽連甚廣，除了本臟之外，生我者、我生者、剋我者（勝我者）、我剋者（我勝者）息息相關，故而，醫家診病、用藥，不可不慎。

五行當中，任何一行都與其他各行產生密切關係，一方面互為資生，另方面相互制約，維持整體平衡作用，五臟系統亦復如是。

2. 五行乘侮

五行相乘，指按五行相剋次序發生過強的克制現象；五行相侮，則是與五行相剋次序發生相反方向的克制。二者皆屬生剋制化的異常現象，打亂原有平穩協調狀態。

五行相乘，可區分為兩部分理解：1、五行中的某一行（例如：木）過於強盛，造成被克制的一行（土）相對虛弱，失卻原有平衡狀態（名曰木乘土）；2、五行中的某一行（例如：土）不夠強盛，相較之下，剋它的一行（木）顯得增強，於是，弱者為強者所乘（土虛木乘）。以上兩種情況，都是就五行相剋次序而發；但，五行相侮關係則不然。

五行相侮，同樣可分成兩部分理解：1、五行中的某一行（例如：木）過於強盛，反過頭來，克制剋我之行（金），失卻原有平衡狀態（名曰木侮金）；2、五行中的某一行（例如：金）不夠強盛，反過頭來，被所剋之行（木）反剋，病因由是而生（金虛木侮）。由此觀之，五行相侮關係，乃是逆五行相剋次序而發的反剋作用。

《素問‧陰陽應象大論》已有五志傷五臟的記載，云「怒傷肝」、「悲傷肺」、「喜傷心」、「思傷脾」、「恐傷腎」，但《內經》亦有情志五行乘侮所傷的理論，文曰：

> 「心」，怵惕思慮則傷神，神傷則恐懼自失，破䐃脫肉，毛悴色夭，死於冬。「脾」，憂愁而不解則傷意，意傷則悗亂，四支不舉，毛悴色夭，死於春。「肝」，悲哀動中則傷魂，魂傷則狂忘不精，不精則不正，當人陰縮而攣筋，兩脅骨不舉，毛悴色夭，死于秋。「肺」，喜樂無極則傷魄，傷魄則狂，狂者意不存人，皮革焦，毛悴色夭，死于夏。「腎」，盛怒而不止則傷志，志傷則喜忘其前言，腰脊不可以俛仰屈伸，毛悴色夭，死于季夏。（《靈樞‧本神》卷二，頁8）

心，怵惕思慮則傷神，神傷則不能自持，頓生恐懼，以是傷腎，故而，屬水

之「腎」本應剋屬火之「心」，卻因為其勢虛弱，而造成為火所侮，打亂原有平衡狀態。而脾，愁思憂慮，不得紓解，以致胸悶煩亂，蓋憂慮本屬肺之志，屬金之「肺」無法暢達，屬土之「脾」亦無法舒朗，此即母子之氣相通之故，氣鬱積於胃，無法行於經道，故而四肢不舉，只覺欲振乏力，提不起勁。此處主要說明，情志之動，牽引五行生剋乘侮關係，連帶地使得五臟平衡狀態亦受影響，可不慎乎。

　　面對五行之氣在異常情況下的克制、乘侮關係，人體也有一套自我調節系統，藉以重新建立一個新的平衡，維持生理機能正常運作，這股力量稱為「復氣」。以水、火關係言之，水在正常情況下，應可以剋火，然而，當水過於強盛，則火氣將會受損，這時，與火互為母子之氣的土，便會出而克制水氣，使水氣恢復正常，此即人體中所謂的「復氣」作用。

　　《內經》有云：「氣有餘，則制已所勝而侮所不勝；其不及，則已所不勝侮而乘之，已所勝輕而侮之。」（《素問・五運行大論》卷六，頁 40）正常情況下，人體生理自行修復的能力，能為生命不斷地尋覓平衡點，且於病機發生之際，再造另一平衡，實教人讚嘆造物者化育萬物之功。

（三）陰陽五行的關係

　　如果說，《內經》對於《周易》象數思維多所取益，那麼，何以在「陰陽」之後，不採「八卦」之說，而選擇了「五行」模式？在《內經》看來，「陰陽」與「五行」之間，究竟存在何種關係，二者之聯繫點又何在，此乃本段所欲瞭解之重點。

　　首先，從《內經》五行模式的對應關係談起，瞭解其與《周易》取象、運數之說的淵源。《內經》有云：

> 東方色青，入通于肝，開竅于目，藏精于肝，其病發驚駭，其味酸，其類草木，其畜雞，其穀麥，其應四時，上為歲星，是以春氣在頭也，其音角，其數八，是以知病之在筋也，其臭臊。（《素問・金匱真言論》卷一，頁 16）

其餘南方、中央、西方、北方相應之說，則如表所示。

	東　方	南　方	中　央	西　方	北　方
五　色	青	赤	黃	白	黑
五　藏	肝	心	脾	肺	腎
五　味	酸	苦	甘	辛	鹹

五　畜	雞	羊	牛	馬	彘
五　穀	麥	黍	稷	稻	豆
應四時	歲星	熒惑星	鎮星	太白星	辰星
五　音	角	徵	宮	商	羽
合　數	其數八	其數七	其數五	其數九	其數六

《內經》當中，五味與五畜的對應，實不止一處，且略有出入。酸、苦、甘、辛、鹹「五味」，在〈藏氣法時論〉中依序對應「犬──羊──牛──雞──豬」，在〈金匱眞言論〉中對應「雞──羊──牛──馬──彘」，在〈五常政大論〉中對應「犬──馬──牛──雞──彘」，而《周易・說卦傳》則謂：「乾為馬，坤為牛，震為龍，巽為雞，坎為豕，離為雉，艮為狗，兌為羊。」

仔細對照之下，不難發現，《內經》與《易傳》在取象對應關係上，頗有出入！依《內經》之說，五方與五畜相配合，簡單表現為：東方──雞；南方──羊；中央──牛；西方──馬；北方──彘。反觀《易傳》，八卦與八方相合，並配合取象之說，應表示為：〈巽〉，東南──雞；〈兌〉西方──羊；〈坤〉西南──牛；〈乾〉西北──馬；〈坎〉北方──豕。《內經》與《易傳》於此二者間的差別，雖暫時無法名其緣由，但，可以確定的是，其納入五行模式的當下，必有其持理之故。

其次，《素問・金匱眞言論》以「八、七、五、九、六」之數，配合五方「東、南、中、西、北」，與〈河圖〉數理相關。蓋〈河圖〉五行數理，天一生水，地六成之，方位居「北」；地二生火，天七成之，方位居「南」；天三生木，地八成之，方位居「東」；地四生金，天九成之，方位居「西」；天五生土，方位居「中」。〈河圖〉五行之數與五方配合，則可表示為：東方──八；南方──七；中央──五；西方──九；北方──六。於此觀之，《素問・金匱眞言論》之說與〈河圖〉數理相一致。

嚴格說來，《內經》採五行歸類原理，卻也不遺棄八卦之說，其論八方八風與人體臟腑的對應，便可見八卦與五行之間的關係。《內經》記載道：

> 是故太一入徙立於中宮，乃朝八風，以占吉凶也。風從南方來，名曰大弱風，其傷人也，內舍於心，⋯⋯風從西南方來，名曰謀風，其傷人也，內舍於脾，⋯⋯風從西方來，名曰剛風，其傷人也，內舍於肺，⋯⋯風從西北方來，名曰折風，其傷人也，內舍於小腸，⋯⋯

> 風從北方來，名曰大剛風，其傷人也，內舍於腎，……風從東北方
> 來，名曰凶風，其傷人也，內舍於大腸，……風從東方來，名曰嬰
> 兒風，其傷人也，內舍於肝，……風從東南方來，名曰弱風，其傷
> 人也，內舍於胃……。（《靈樞‧九宮八風》卷十一，頁 12）

八方八風與八卦相配，與心、脾、肺、腎、肝「五臟」相合，又與「六腑」
之小腸、大腸、胃相應，因此，並非《內經》當中不提「八卦」之說，而是
「八卦」以另一種方式呈現，與五行結構產生對應關係。

　　《內經》將五臟納入五行模式中，且陰陽四象與五行之間，亦存在著相
通性。《靈樞‧陰陽繫日月》便曾說道：「心爲陽中之太陽，肺爲陽中之少陰，
肝爲陰中之少陽，脾爲陰中之至陰，腎爲陰中之太陰。」（《靈樞》卷七，頁 1）
五臟本身不但可以區分陰陽，五臟六腑亦存在表裡陰陽關係，表現爲以臟屬
陰，以腑屬陽。五行當中，土居中而不配陰陽，五臟屬土的「脾」同樣具有
居中統領、調節陰陽的功能，於此，《內經》說道：

> 脾者土也，治中央，常以四時長四藏，……不得獨主於時也。脾藏
> 者常著胃土之精也，土者生萬物而法天地，故上下至頭足，不得主
> 時也。（《素問‧太陰陽明論》卷三，頁 32）

脾既不獨主於時，其餘之藏，則須順四時陰陽而涵養調理，《內經》以「四時
五藏陰陽」整體觀爲依據，提出春夏秋冬的養生原則，而道：

> 逆春氣，則少陽不生，肝氣內變；逆夏氣，則太陽不長，心氣內洞；
> 逆秋氣，則太陰不收，肺氣焦滿；逆冬氣，則少陰不藏，腎氣獨沈。
> 夫四時陰陽者，萬物之根本也，所以聖人春夏養陽，秋冬養陰，以
> 從其根，故與萬物浮沈于生長之門。逆其根，則伐其本，壞其眞矣。
> 故陰陽四時者，萬物之終始也，死生之本也。（《素問‧四氣調神大
> 論》卷一，頁 7）

引文中，少陽主春生之氣，太陽主夏氣，少陰當主秋氣，太陰當主冬氣，由
此觀之，「少陰」、「太陰」恐是行文互誤。四季當中，春夏屬陽，萬物處於生
長階段，人體亦需調養人身之陽，順應自然界生長之勢；秋冬屬陰，萬物處
於斂藏階段，人體也當調養人身之陰，以應生命規律。

　　以五行爲符號的藏象學說，由於「天干」的聯繫，通向了《易》陰陽之
道。就干支配屬而言，配上五行，則爲甲、乙屬木，丙、丁屬火，戊、己屬
土，庚、辛屬金，壬、癸屬水；天干配上陰陽，則甲、丙、戊、庚、壬屬陽；

乙、丁、己、辛、癸屬陰。如此一來，五行之木，又可分成陽木與陰木；五行之火，可分為陽火與陰火，以此類推。人體五臟本身存在著生剋關係，又與六腑互為表裡陰陽，生命機能的正常運作，實繫於於暢流周身的陰陽之氣。

　　總的來說，《周易》陰陽八卦雖以「二」為基數發展而成，然而，吸收《周易》象數思維養分的《內經》，其言陰陽五行，實亦歸結到陰陽之說上頭，因此，二者的形成思路大抵相同。

第二節　朱熹陰陽思想

一、理學立場的陰陽思想

（一）陰陽之說

　　吸收《周易・繫辭傳》的陰陽概念，肯定周敦頤《太極圖說》的陰陽思想，轉化張載氣論之說，「陰陽」二字在朱熹學說體系中，具有雙重重要性；以之解釋自然現象，則合於自然發展規律；用以解釋社會現象，則帶有道德倫理色彩。總的來說，作為倫理道德觀念的「陰陽」與生物之具的「陰陽」，在朱熹學說中並不相妨，而是一體觀之。

　　首先，就自然現象的「陰陽」而言。朱熹認為，陰陽充塞天地，包羅萬物，普遍存於蒼冥之間，他說：

> 諸公且試看天地之間，別有甚事？只是「陰」與「陽」兩箇字，看是甚麼物事都離不得。只就身上體看，纔開眼，不是陰，便是陽，密拶拶在這裏，都不著得別物事。不是仁，便是義；不是剛，便是柔。只自家要做向前，便是陽；纔收退，便是陰意思。纔動便是陽，纔靜便是陰。未消別看，只是一動一靜，便是陰陽。（《朱子語類》卷六十五，頁 1606）

一動一靜，便是陰陽，在朱熹看來，陰陽乃形而下之器，雖無具體形象可言，然而，卻又不外於物象，他說：

> 愚謂陰陽盈天地之間，其消息闔闢，終始萬物，觸目之間，有形無形無非是也。而蘇氏以為象立而陰陽隱，凡可見者皆物也，非陰陽也，失其理矣。達陰陽之本者固不指生物而謂之陰陽，亦不別求陰陽於物象見聞之外也。（《朱熹集》卷七十二，〈雜學辨・蘇氏易解〉，頁 3761）

自然現象意義的「陰陽」，可以說，便是陰陽之氣；變化之所由生，乃出於陰陽消長，屈伸動靜，對此，朱熹曾提到：

> 天地之化包括無外，運行無窮，然其所以爲實，不越乎一陰一陽兩
> 端而已。其動靜屈伸、往來闔闢、升降浮沈之性雖未嘗一日不相反，
> 然亦不可以一日而相無也。（《朱熹集》卷七十六，〈金華潘公文集
> 序〉，頁 3984）

誠如《周易・繫辭傳》所言，「陰陽相摩，八卦相盪」，互爲對立面的陰陽，交感相通，而有人物之生，萬物之變，朱熹也說：「人之所以生，理與氣合而已。天理固浩浩不窮，然非是氣，則雖有是理而無所湊泊。故必二氣交感，凝結生聚，然後是理有所附著。」（《朱子語類》卷四，頁 65）陰陽因其異，故生交感互通；也因交感互通，而成就生命紛繁樣貌。

其次，就倫理道德觀念的「陰陽」而言。對於善惡道德觀念，朱熹曾說：「剛柔固陰陽之大分，而其中又各有陰陽以爲善惡之分焉。」（《通書・師注》第七，《周敦頤全書》卷三，頁 112）繼剛柔善惡之分，朱熹更以「陰陽」區別君子與小人：

> 天地之間，無往而非陰陽，一動一靜，一語一默，皆是陰陽之理。……
> 陰陽只是此陰陽，但言之不同。如二氣迭運，此兩相爲用，不能相
> 無者也。至以陽爲君子，陰爲小人，則又自夫剛柔善惡而推之，以
> 言其德之異耳。（《朱子語類》卷六十五，頁 1604）

爲何以「陽」屬君子，以「陰」言小人，朱熹則做了這樣的說明：

> 盈天地之間，所以爲造化者，陰陽二氣之終始盛衰而已。陽生於北，
> 長於東，而盛於南；陰始於南，中於西，而終於北。故陽常居左，而
> 以生育長養爲功，其類則爲剛，爲明，爲公，爲義，而凡君子之道屬
> 焉。陰常居右，而以夷傷慘殺爲事，其類則爲柔，爲暗，爲私，爲利，
> 而凡小人之道屬焉。聖人作《易》，畫卦繫辭，於其進退消長之際，
> 所以示人者深矣。（《朱熹集》卷七十六，〈傅伯拱字序〉，頁 3962）

以類觀之，陽爲剛、爲明、爲公、爲義；陰爲柔、爲暗、爲私、爲利。君子德行，若陽之剛健明朗、公正行義；小人之行，則陰柔幽暗、自私爲利。所謂「陽之德剛，陰之德柔；剛者常公而柔者常私，剛者常明而柔者常闇，剛者未嘗不正而柔者未嘗不邪，剛者未嘗不大而柔者未嘗不小。」（《朱熹集》卷七十六，〈金華潘公文集序〉，頁 3984～3985）

　　無論就自然現象、抑或道德倫理觀念而言,「陰陽」乃是作爲對立存在的一方,「陽」藉由「陰」對顯其存在,「陰」藉由「陽」確定其相對屬性。然而,包括朱熹在內,宋代幾位理學大家,在陰陽思想問題上,明顯趨於肯定「陽主陰從」的看法。

　　《周易》與《內經》分別代表醫、易肯定「陽主陰從」觀念,而理學思潮對「陽主陰從」的看法,亦持肯定立場。二程雖也肯定陰陽升降盈虧之理,而謂:

> 天地陰陽之變,便如二扇磨,升降盈虛剛柔,初未嘗停息,陽常盈,陰常虧,故便不齊(《二程遺書》卷二上,頁 15)

> 陰陽於天地間,雖無截然爲陰爲陽之理,須去參差,然一箇升降生殺之分,不可無也。(同上,頁 20)

然則,其終究肯定「陽主陰從」觀念:「陰體柔燥,故從於陽則能安貞而吉,應地道之無疆也。」(《易程傳·坤卦》,頁 24)陽主陰從,換個方式說,便是「陽尊陰卑」,此說一確立,便意味著,理學家從學理層面著手,爲統治政權取得無可動搖的倫理地位。

　　除了二程,張載也認爲:「陽之至健,不爾何以發散?陰之性常順,然而地體重濁,不能隨則不能順,則有變矣。有則有象,如乾健坤順,有此氣則有此象可得而言。」(《橫渠易說·繫辭下》,《四庫全書》第八冊,頁 753)陽之性剛健,陰之性柔順,剛柔健順,差異變化,方成就此萬象之貌;儘管有不能隨順的狀態出現,但陽主陰順、陽尊陰卑誠爲主流定論。

　　朱熹對於陰陽變化,交易相勝,則作如是說明:

> 天地間,一陰一陽,如環無端,便是相勝底道理。《陰符經》說「天地之道浸,故陰陽勝」。「浸」字最下得妙,天地間不陡頓恁地陰陽勝。(《朱子語類》卷七十六,頁 1940)

> 變是自陰而陽,自靜而動;化是自陽而陰,自動而靜。漸漸化將去,不見其跡。(《朱子語類》卷七十四,頁 1877)

但是,一旦落到政治倫理上來談,則始終持守陰陽固定分位:

> 〈乾〉〈坤〉陰陽,以位相對而言,固之一般。然以分言,〈乾〉尊〈坤〉卑,陽尊陰卑,不可竝也。以一家言之,父母固皆尊,母終不可竝乎父。兼一家亦只容有一個尊長,不容竝,所謂「尊無上二」也。(《朱子語類》卷六十八,頁 1683)

由此觀之，就自然現象談陰陽，陰陽具有相依、相濟、和諧統一等辯證思維內容；然而，就倫理觀念，特別是政治倫理而言，不難發現：陽主陰從、陽尊陰卑觀念，已深刻地紮根於理學思想當中。

（二）五行之說

朱熹談論「五行」時，乃是與「陰陽」合而觀之，作如是說：

> 陰陽是氣，五行是質。有這質，所以做得物事出來。五行雖是質，他又有五行之氣做這物事，方得。然卻是陰陽二氣截做這五箇，不是陰陽外別有五行。如十干甲乙，甲便是陽，乙便是陰。（《朱子語類》卷一，頁9）

在他看來，陰陽是氣，五行是質；五行又可歸結為陰陽之屬，其中，十天干便是陰陽、五行的重要聯繫關鍵。然而，陰陽與五行最初是否作為一整體被提出，這個問題隨著出土資料的翻新，而有了不同看法。

黎子耀曾針對馬王堆漢墓帛書《周易》與通行本《周易》比較研究，而得出這樣的結論：

> 帛書《易經》的發現，對於中國古代哲學史的研究，具有十分重要的意義。首先，《易經》的八卦包含陰陽五行思想，這一點，到此可以成為定論。這就打破了那種以為八卦只講陰陽不講五行的看法；其次，就學術思想的源流來說，陰陽五行自始就是以一個完整的系統而出現的，帛書本的上、下卦序明確地說明了這一點。這就打破了那種以為陰陽和五行來自兩個不同流派的看法。再次，在陰陽五行思想發生的時代問題上，帛書本明確地表達了八卦和陰陽五行的密切關係。這就打破了過去在古史辯論中認為陰陽五行思想始於戰國時期的看法。〔註3〕

黎氏認為，就帛書本《周易》的上、下卦序觀之，可以證明，陰陽五行「自始就是以一個完整的系統而出現的」！此說是否能成為定論，尚有待時間檢驗，但可以確定的是，陰陽與五行的關係，實密不可分。

欲瞭解朱熹五行之說，除了與陰陽整體觀之，從易學角度而言，〈河圖〉、〈洛書〉所呈現的數理關係，亦當納入五行模式來處理。在朱熹《周易本義》成書之前，劉牧「圖九書十」之說乃自成一家，劉氏所謂的「圖九」，是指由

〔註3〕黎子耀：《馬王堆漢墓帛書易經卦序釋義》，《中國哲學史研究》，1982年，第一期。

一至九，九個數組合而成的〈九宮圖〉；「書十」則是由一至十之數所組成的〈五行生成圖〉。關於〈河圖〉，劉牧說道：

> 昔虙犧氏之有天下，感龍馬之瑞，負天地之數，出於河，是謂龍圖者也。戴九履一，左三右七，二與四爲肩，六與八爲足，五爲腹心，縱橫數之，皆十五，蓋《易‧繫辭》所謂「參伍以變，錯綜其數」者也。（《易數鉤隱圖》，《四庫全書》第八冊，頁160）

以人之身軀爲喻，居中之五猶如腹心，頭戴九數、腳踏一數，二、四象人之雙肩，六、八象人之雙足，且以三爲左、以七爲右。至於〈洛書〉，劉牧則謂：

> 夫〈洛書〉九疇，惟出于五行之數，故先陳其已交之生數，然後以土數足之，乃可見其成數也。（同上）

五行有生數與成數之說，劉氏認爲，〈洛書〉乃出於五行之數，據以推衍而成。朱震對此圖式曾闡述道：

> 右〈洛書〉，劉牧傳之。一與五合而爲六，二與五合而爲七，三與五合而爲八，四與五合而爲九，五與五合而爲十。一六爲水，二七爲火，三八爲木，四九爲金，五十爲土，十即五五也。（《漢上易卦圖說》，《四庫全書》第一一冊，頁310）

朱震此言對於劉牧〈洛書〉數理說解甚詳，其中，一、二、三、四、五乃五行生數，五行之土足以長養萬物，故而在生數之上，各加「土數五」，便得到六、七、八、九、十之五行成數。

誠如〈繫辭傳〉所言：「在天成象，在地成形，變化見矣。」劉牧所謂的〈河圖〉，總數四十五；其所謂〈洛書〉，則由於土數五的生化，由垂天之象，入於形器之用。然而，淳熙十五年，朱熹五十九歲，完成了《周易本義》一書，該書卷首所置〈河圖〉、〈洛書〉圖式，竟與劉牧之說截然相反！朱熹將天地之數由一至十，排成「一六居下，二七居上，三八居左，四九居右，五十居中」的方位，名曰〈河圖〉；由一至九之數，排成「戴九履一，左三右七，二四爲肩，六八爲足，五居中央」的龜形方位，名曰〈洛書〉。

相較於劉牧以〈河圖〉名垂天之象，以〈洛書〉言形器之用；朱熹則以〈河圖〉爲數之體，以〈洛書〉爲數之用。朱熹對於〈河圖〉作如是說：

> 蓋其所以爲數者，不過一陰一陽，一奇一偶，以兩其五行而已。所謂天者，陽之輕清而位乎上者也。所謂地者，陰之重濁而位乎下者也。……天數地數各以類而相求，所謂「五位之相得」者然也。……

〈河圖〉以五生數統五成數，而同處其方，蓋揭其全以示人，而道
其常，數之體也。(《易學啓蒙》,《朱子全書》第壹冊，頁212～213)

天數、地數，以類相求，各有相合者；五生數統五成數，同處其方，以爲數
之體。〈河圖〉數理，究其實，不過一陰一陽，兩其五行而已。至於〈洛書〉,
朱熹則謂：

〈洛書〉以五奇數統四偶數，而各居其所，蓋主于陽以統陰，而肇其
變，數之用也。……〈洛書〉之縱橫十五，而七、八、九、六，迭爲
消長；虛五分十，而一含九，二含八，三含七，四含六，則參伍錯綜,
無適而不遇其合焉。此變化無窮之所以爲妙也。(《易學啓蒙》)

〈洛書〉數理，主于陽以統陰，以五奇數統四偶數，九數排列，縱橫相加,
均得十五。從〈河圖〉、〈洛書〉瞭解朱熹的陰陽思想，雖經過五行模式的轉
換，然而，誠如朱熹自己所言：〈河圖〉數理，不過一陰一陽，兩其五行；〈洛
書〉數理，主于陽以統陰，以五奇數統四偶數。此處，再一次驗證，朱熹對
於「陽主陰從」之說，乃是持肯定立場。

二、丹道立場的陰陽思想

自《周易參同契》以來，丹家理論便援引《易》學卦象以爲言說，展現
煉養過程中的操持規律；時至宋初，圖書學派蔚爲風尚，方褪去隱晦難解的
表述形式，以道圖形象地展現氣之流動狀態。

從理學角度談論朱熹陰陽思想，固爲其學術生命之主要基調，然而，其
於丹家理論的探討，也意味著：他曾留意陰陽作爲「氣」之存在的意義。因
此，以下將從丹道角度出發，處理朱熹對於丹家陰陽五行說的把握，並進而
觀察，其是否從《易》學角度，提供煉養之說新的思想養分。

(一)空同道士鄒訢

慶元黨禁，朱熹生命中一次不堪的打擊，信誓旦旦堅守的儒家信念，終
究不敵政治力量，於花甲之年背負僞學罪名。山不轉，路轉，日子總還是得
過，昔日潛藏的丹道種子，便於此際醞釀成熟，促使朱熹往空同道士鄒訢之
路走去。

年少時所萌生的超搖道心，同虛谷子談論的丹道之趣，加以本身豐厚的
易學底子，使得朱熹晚年專心潛研《周易參同契》，甚而在辭世前幾天，仍念
念不忘此書。在所撰述的《周易參同契考異》之後，朱熹署名「空同道士鄒

訴」，這並非意味著，他就此遠離固守大半輩子的儒學園地，而是生命尚有不同觀照角度，換個方式，或許得見柳暗花明另一村，也未可知。

《周易參同契考異》，起初由朱熹與蔡元定共同草成，最後，全於朱熹之手。慶元二年，朱熹六十七歲，出於蔡元定的建議，而有撰寫《周易參同契考異》的想法，他說：「《參同》二冊、鍾乳一兩納上。《考異》熹安能決其是非？但恐文義音讀間有可商量處耳。」（《朱熹集》卷四十四，〈答蔡季通〉，頁 2064）雖經蔡氏校定讎正，朱熹總覺尚有不足之處，正思與蔡元定進一步討論之際，孰料，此難得摯友竟遠謫道州，失去了直接請益的對象，朱熹只好與蔡元定書信往返，交流意見。

熟諳方術丹道的蔡元定，於慶元三年，寄給朱熹一冊談論「卦氣消息」的資料，這份資料激盪了朱熹如下想法，他說：

> 《參同》之說子細推尋，見得一息之間便有晦朔弦望。上弦者，氣之方息，自上而下也。下弦者，氣之方消，自下而上也。望者，氣之盈也，日沈于下而月圓于上也。晦朔之間者，日月之合乎上，所謂「舉水以滅火，金來歸性初」之類是也。眼中見得了了如此，但無下手處耳。自從別後，此等事更無商量處，劇令人憒憒。（《朱熹集》卷四十四，〈答蔡季通〉，頁 2078～2079）

隔年八月，朱熹考得策數之法，援筆而作〈參同契說〉一文，欲和季通分享此心得，然而，造化弄人，蔡元定因病辭世，朱熹未能送其最後一程，季通也無緣見到朱熹的新作。

步入生命之秋，朱熹垂青丹道之說，一方面出於養護生命的實際需求，另方面《周易參同契》與易學象數思維的關係，也使得朱熹順理成章地研究此丹道理論。

（二）丹家陰陽之說

慶元四年八月，朱熹考得策數之法，發現其與火候之法相吻合，於是，撰〈參同契說〉（《朱熹集》卷六十七，頁 3550～3552）一文，欲將此心得告訴蔡元定，豈料元定辭世。朱熹在〈參同契說〉中所提出的看法，乃是寫作《周易參同契考異》的重要關鍵，故而，此處將以〈參同契說〉為主要討論資料，瞭解朱熹接觸丹道陰陽之說的看法，及其所運用的象數概念。

〈參同契說〉文章開頭，便指出一般談論火候問題的主要意見，其云：

> 按，魏書（指魏伯陽《周易參同契》）首言〈乾〉、〈坤〉、〈坎〉、〈離〉

　　四卦彙篇之外，其次即言〈屯〉、〈蒙〉六十卦，以見一日用功之早
晚；又次即言納甲六卦，以見一月用功之進退；又次即言十二辟卦，
以分納甲六卦而兩之。蓋內以詳理月節，而外以兼統歲功，其所取
於《易》以爲說者，如是而已，初未嘗及夫三百八十四爻也。（頁
3550）

朱熹重視「納甲」之法，乃是肯定《參同契》以漢《易》納甲法談火候操持
的形象性比喻；丹家另一重要經典《悟眞篇》引入十二消息卦（亦即十二辟
卦），進一步表明，無論年、月、日都有陰陽往返之規律。換言之，掌握火候
變化，便是遵循天地卦象所展現的陰陽規律。其中，朱熹注意到：「初未嘗及
夫三百八十四爻」！朱熹從象數《易》學的觀點出發，不僅僅著眼於「卦」，
更把焦點關注到「爻」來談。

　　緊接著，朱熹反省當時所傳火候之法，提出這樣的意見：

今世所傳火候之法，乃以三百八十四爻爲一周天之數，以一爻直一
日。而爻多日少，則不免去其四卦二十四爻，以俟二十四氣之至而
漸加焉，已非出於自然脗合之度矣。且當日所用之爻，或陰或陽，
初無次第，不知功夫有何分別。又況一日之間，已周三百六十之數，
而其一氣所加，僅得一爻，多少重輕，不相權準。又此二十四者進
增微漸，退減暴疾，無復往來循環之勢，恐亦後人以意爲之，未必
魏君之本指也。（頁3550）

朱熹指出，一周天之數三百六十，而六十四卦共計三百八十四爻，以三百八
十四爻配一周天之數，則「爻多日少」。朱熹又提到，當日所用之爻，「或陰
或陽，初無次第」，對於陰陽爻之數，可謂觀察仔細。

　　朱熹從《易》數角度出發，提出「策數之法」，企圖合宜地解決火候之法
的爻數問題。他說：

竊意此書大要在於「坎離」二字，若於此處得其綱領，則功夫之節
度，魏君所不言者，自可以意爲之。但使不失其早晚之期，進退之
節，便可用功，不必一一拘舊說也。故今推得策數一法，似亦齊整。
其與爻數之法雖皆魏君所不言然此爲粗有理也。蓋月以十二卦分
之，卦得二日有半，各以本卦之爻行本爻之策，自八月〈觀〉卦以
後至正月〈泰〉卦，陽用少，二十八策；陰用老，二十四策。自四
月〈大壯〉以後至七月〈否〉卦，陽用老，三十六策；陰用少，三

十二策。陽即注意運行，陰即放神冥寂，一爻已足，即一開目舒氣
以休息之。十二卦周，即爲一月之功。十二月周，即爲一歲之運。
反復循環，無有餘欠。（頁3550～3551）

「策」，爲蓍草製成的籌碼。《周易‧繫辭傳上》云：「乾之策，二百一十有六；
坤之策，百四十有四，凡三百有六十，當期之日。」關於乾坤策數的運算，
說明如下：在《周易》筮法中，每四根一數的結果，得到六、七、八、九四
個數字，分別代表老陰（六）、少陽（七）、少陰（八）與老陽（九）；但陽爻
只用老陽數九表示，陰爻用老陰數六表示，因爲「少陰退而未極乎虛，少陽
進而未極乎盈，故此獨以老陽老陰，計乾坤六爻之策數」。（朱熹《周易本義》，
頁591）

占筮時，每四根一數，因此陽爻九乘以四，得到三十六；〈乾〉卦六爻皆
陽，再乘以六，即爲二百一十六，爲「乾之策數」。同理，陰爻六乘以四，得
二十四；〈坤〉卦六爻皆陰，再乘以六，即爲一百四十四，爲「坤之策數」。〈乾〉、
〈坤〉兩卦合爲三百六十策，與一年三百六十日之數相當。乾爲天，坤爲地，
天地變化一年一循環，故〈乾〉、〈坤〉兩卦之策數，象徵天地變化一循環之
日數。〔註4〕

朱熹以策數之法，用以說解《周易參同契》中的火候問題，相較於「納
甲說」與「十二消息卦」，進一步將關注焦點由「卦」轉移到「爻」來談，主
張以「本卦之爻行本卦之策」，其所以能如此，很重要的一點便是：朱熹注意
到《易》數之理，並肯定《周易》源於卜筮之說。以下，摘錄朱熹〈參同契
說〉中所列的策數之說。

震　一至五	復　一至三半	一陽二十八，五陰百二十。	陽生
	臨　三半至五	二陽五十六，四陰九十六。	
兌　六至十	泰　六至八半	三陽八十四，三陰七十二。	
	壯　八半至十	四陽百四十四，二陰六十八。	
乾　十一至十五	夬　十一至十三半	五陽百八十，一陰三十二。	
	乾　十三半至十五	六陽二百一十六	陽極無陰
巽　十六至二十	姤　十六至十八半	一陰三十二，五陽百八十。	陰生
	遯　十八半至二十	二陰六十八，四陽一百四十四。	

〔註4〕張其成：《易學大辭典》，華夏出版社，1995年，頁374～375。

艮	二十一至二十五	否	二十一至二十三半	三陰七十二，三陽八十四。
		觀	二十三半至二十五	四陰九十六，二陽五十六。
坤	二十六至三十	剝	二十六至二十八半	五陰百二十，一陽二十八。
		坤	二十八半至三十	六陰一百四十四 　　　**陰極無陽**

　　朱熹編修《周易參同契考異》期間，不僅嚴謹地參校各種版本，並且就《易》數角度提出看法，使得《周易參同契》不僅限於以卦象爲比喻的形象符號罷了，更能以數理角度——尤其是策數之法，準確地指出可依循的操持規律。

　　朱熹接觸內丹之說，由來已久，紹興二十一年，二十來歲，便結識了盧山道士虛谷子劉烈，相與談論還丹之旨；淳熙六年，年屆五十，得與紫虛眞人崔嘉彥往來，切磋丹道醫理，加以朱熹本身曾有煉養功夫，因此，對於丹家陰陽之說頗爲通曉。

　　丹家認爲，「元氣」乃是不證自明的，其關注焦點在於：如何體證、把握的功夫。朱熹〈參同契說〉以策數談論火候操持問題，從《易》學數理角度出發，提供丹道修煉者可依循的煉養規律，誠爲獨到之見！道教側重於精、氣、神的研究，視生命爲「氣」之周天運動，對此，《雲笈七籤》卷五十五曾引《玉清秘籙》道：

> 夫修身之道，乃國之寶也。然一身之根有三：一爲神，二爲精，三爲氣。此三者本天地人之氣也。神者，受於天精，天精者受於地氣，地氣者受於中和，相爲共成一道也……夫氣生於精，精生於神，神生於明。（《四庫全書》第一○六○冊，頁583）

受於地氣，而有天精；受於天精，而有神，「神」、「精」、「氣」乃天地人之氣也。文中又云：「氣生於精，精生於明」，如此看來，精、氣、神三者之間的關係，似乎是可以順逆說解的。前文曾經提到，〈太極圖〉言順而生人，〈無極圖〉談逆則成丹，乃就圖式順逆說解；但，與其說「逆」自然之道而行，不如說是「復歸」的過程。

　　不少理學家平日便有靜坐功夫，如果說，他們對於丹道煉養眞有貢獻的話，那麼，便是提供以《易》學爲基礎的理論模式，從「學」的層面裨益丹道之「術」，對此，曲黎敏、鄧賢曾經指出：

> 宋明理學家們「半日靜坐」的功夫多源於道、佛兩家，因而儒家的貢獻不在技術，而在於爲技術提供了適宜生長的主流氛圍和以易理

為代表的理論模式。醫家……主張由治未病、治心入手，積極引導
人們通過各種靜與動的心身調節，保持生理平衡及人與環境的良好
適應性。醫家的內煉技術長期與神仙信仰的實踐為伍，……宋明以
後，儒醫時代取代了道醫時代，醫家內煉方法逐漸與神仙修煉脫離，
而呈現出專門化傾向，也正是從這時起，它（按：指醫家內煉方法）
在醫學中的地位日趨降低，直至被今人視為末流。〔註5〕

大致說來，儒家、醫家、武術、佛家、道家，皆有其內煉技術；然而，隨著
儒醫時代的盛行，醫家與固有煉養之說，漸行漸遠，而內丹學卻在生命煉養
的園地裡，繼續不斷地耕耘。

　　魏伯陽《周易參同契》，總結了戰國以來煉養之說，援引《周易》卦爻符
號，企圖展現難以言詮的內煉過程；然而，奠定於漢《易》象數學的丹家符
號術語，不免隱晦多喻，解讀不易。但，宋儒當中，卻有能夠突破文字迷障，
深入丹道理論者，盧國龍便曾說道：

這種概念思維由漢《易》象數學發展而來，作為其背景的話語系統，
亦由象數學術語構成，這在玄學之後已勢成一支孑遺，而又益以丹
道術語，所以交流對話的範圍主要侷限在丹家內部。……北宋邵雍
和南宋朱熹，也許是兩個值得注意的例外。他們不事丹道，但卻對
於丹道理論的理解，卻往往有精義入神之處，並剝除其形式，融攝
其精髓。〔註6〕

易學大家邵雍與朱熹，在朱震所述宋代圖書學傳承系統中，皆可上溯至陳摶
之學。五代末年，宋初之交，陳摶將道圖引入當時學術界，以圖象的方式，
展現內在煉養過程，相較於卦象暗示，更為形象化、具體化。

　　陳摶〈無極圖〉呈現內丹修煉過程，其以引氣運行為手段，言復歸之旨，
希冀達到精、氣、神凝合狀態，復歸無極。對於復歸過程的關鍵，「煉精化氣，
煉氣化神」，明代道教學者伍守陽之說，頗值得參考，他說：

當未有天地，未有人身之先，總屬虛無，如《易》所謂無極而太極
時也。無中恍惚，若有一炁，是名道炁，亦名先天炁。此炁久靜而
一，漸動而分。陽而浮為天，比如人之有性也；陰而沈為地，比如
人之有命也。陽動極而靜，陰靜極而動，陰陽相交之氣，而遂生人。

〔註5〕曲黎敏、鄧賢：《生命的修煉‧易道氣功養生》，中國書店，1999年，頁173。
〔註6〕盧國龍：《道教哲學》，頁556。

則人之所得爲生者，有陰陽二炁之全，有立性立命之理。故曰：人身一小天地者也。稟此陰陽二炁順行，隨其自然之變化而生人；逆而返還，修自然之理，則成仙成佛。是以有三次變化，而人道全；亦有三關修煉，而仙道得。〔註7〕

相較於陰陽二炁順行而成人，丹家逆向復歸，「煉精化氣，煉氣化神」、「五氣朝元」、「取坎填離」，通過三關修煉，圓滿成功，復歸無極。當一氣分化爲陰陽，散而爲五行之氣，便意味著，生命正在一點一滴地耗散當中，習煉養之人，必須反散爲聚，養護生命本元；然則，如何反散爲聚？首要之務，在於瞭解五行之氣散居五方的數理關係。對此，俞琰《周易參同契發揮》卷上曾道：

《易》曰：「天一、地二、天三、地四、天五、地六、天七、地八、天九、地十」，乃五行生成數也。子華子云：天地之大數莫過乎五，莫中乎五。蓋五爲土數，位居中央，合北方水一則成六，合南方火二則成七，合東方木三則成八，合西方金四則成九。九者，數之極也。天下之數至九而止。以九數言之，五居一、二、三、四、五、六、七、八、九之中，實爲中數也。數本無十，所謂土之成數十者，乃北方之一、南方之二、東方之三、西方之四聚於中央，轃而成十也。故以中央之五散於四方而成六、七、八、九，則水、火、木、金皆賴土而成。若以四方之一、二、三、四歸於中央而成十，則水、火、木、金皆返本還源而會於中土也。……四位分明顛倒用，五行同起復同歸。（《四庫全書》第一〇五八冊，頁 662～663）

鄭玄注解《易・繫辭傳》時，曾道：「天一生水於北，地二生火於南，天三生木於東，地四生金於西，天五生土於中」（《四庫全書》第七冊，頁 143），朱熹於《易學啓蒙》也說：「天一生水，地六成之；地二生火，天七成之；天三生木，地八成之；地四生金，天九成之；天五生土，地十成之。」由是觀之，五行水、火、木、金、土的生數，乃與五方相合。就數理關係而言，居中之土，其數爲五；天一之「水」與地四之「金」，於數合而爲五；地二之「火」與天三之「木」，於數亦合而爲五，顯然，反散爲聚之氣，便是收束到中央之土。

繼「五氣朝元」之後，便是所謂「取坎填離」之關。漢代易學家京房，將八宮卦與十天干相配合，天干之首爲甲，故稱「納甲」，其以〈乾〉、〈坤〉

內象分屬甲乙，〈艮〉、〈兌〉分屬丙丁，〈坎〉、〈離〉分屬戊己，〈震〉、〈巽〉分屬庚辛，〈乾〉、〈坤〉外象分屬壬癸；又，五行與十天干相配，甲乙屬木，丙丁屬火，戊己屬土，庚辛屬金，壬癸屬水，故而，〈坎〉、〈離〉分屬戊己，五行屬土。

　　既然〈坎〉、〈離〉分屬戊己，也就意味著：五行之氣雖已反散爲聚，猶呈陰陽相分狀態，因爲，十天干中，戊屬陽，己屬陰。這時，《易》之卦象便爲丹家提供煉養啓發：蓋〈乾〉、〈坤〉父母生六子女，若以〈乾〉、〈坤〉爲先天，相對的，〈坎〉得乾氣而爲男、〈離〉得坤氣而爲女，便爲後天之說。「取坎填離」，便是《悟眞篇》所說：「取將坎內中心實，點化離宮腹內陰。」以〈坎〉中之陽，填補〈離〉中之陰，復歸先天之體，回到混沌之初，若有若無之無極境界。

　　誠如張伯端《悟眞篇》所言：「卦中設象本儀形，得象忘言意自明。後世迷徒惟執象，卻行卦氣望飛昇。」〔註8〕易象，乃仰觀俯察，以得其象；丹家援引卦象而爲說，乃是藉象以明義，若拘泥於卦象文辭，反陷十里迷霧，未能窺見內丹堂奧，徒教人望之卻步！

第三節　朱熹陰陽象數思維

一、朱熹象數思維

　　我國文化領域中，「視覺文化」堪稱發展甚早。早期，爲了尋求合用的交通工具，相馬之術於焉產生，教導人們如何從馬匹可見的外觀，分辨其良窳；爲了擇才而用，觀人之術應運而生，其中，劉劭《人物志》所論頗佳。而中醫治病，望、聞、問、切「四診」，尤以「望」爲第一要項，亦即從患者的言行舉止、氣色神態尋找病因。如何從紛繁的大千萬象中尋找出「共象」所在，以把握變化之道，實爲人們關注的焦點。

　　在易學上，雖有象數派與義理派的區分，然而，取象的內在依據，終究和義理脫不了干係；換言之，沒有理論依據，「象」便無以歸「類」。如果說，象數派著重於外顯之「象」，那麼，義理派便是著重於本質意義之「義」、或說是「理」。以下分成「易家象思維」與「醫家象思維」兩部分來探討。

〔註 8〕宋張伯端撰、王沐淺解：《悟眞篇淺解》卷中其三十七，北京中華書局，1997年，頁 90。

（一）易家象數思維

《周易・繫辭傳》認為，八卦乃觀象於天，觀法於地，近取諸身，遠取諸物，「以通神明之德，以類萬物之情」。卦象的建立，將紛亂無序的萬物，納入一個個抽象符號當中，予以分類、取義，〈說卦傳〉曾對八卦的功能、屬性做了如下說明：

〈乾〉，健也；〈坤〉，順也；〈震〉，動也；〈巽〉，入也；〈坎〉，陷也；〈離〉，麗也；〈艮〉，止也；〈兌〉，說也。（頁 677）

〈乾〉，取象於天，天體運轉，剛健不息，故曰健；〈坤〉，取象於地，承天而行，其性柔順；〈震〉，取象於雷，性質為動；〈巽〉，取象於風，無孔不入，其性為入；〈坎〉，取象於水，常居低窪之地，其性為陷；〈離〉，取象為火，火必須依附可燃之物，故性質為附麗；〈艮〉，取象於山，巍然不動，其性為止；〈兌〉，取象為澤，潤澤萬物，普降甘霖，喜悅洋溢，故性質為悅。

取象，不單單只是外部形象的近似類比罷了，更重要的是功能、屬性的相同；換言之，功能、屬性相同者，即使型態相異、結構不一，依舊可以劃歸為同一類。〈易傳〉取象方法，便是基於德行、功能、屬性的關係，將萬有之象劃歸為八大類，對此，張其成曾製表如下：

卦名	大象	物象	身象	家象	其　　他　　象	方位
乾	天	馬	首	父	圜、君、玉、金、寒、冰、大赤、良馬、老馬、瘠馬、駁馬、木果	西北
坤	地	牛	腹	母	布、釜、吝嗇、均、子母牛、大輿、文、眾、柄、地黑	西南
震	雷	龍	足	長男	玄黃、專、大塗、決躁、蒼筤竹、萑葦、馬善鳴、作足、的顙、稼反生	東方
巽	風	雞	股	長女	木、繩直、為工、白、長、高、進退、不果、臭、人寡髮、廣顙、多白眼、近利市三倍	東南
坎	水	豕	耳	中男	溝瀆、隱伏、矯輮、弓輪、人加憂心病耳痛、血卦、赤、馬美脊、亟心、下首、薄蹄、曳、輿多眚、通、月、盜、木堅多心	北方
離	火	雉	目	中女	日、電、甲胄、戈兵、人大腹、鱉、蟹、蠃、蚌、龜、木科上槁	南方
艮	山	狗	手	少男	徑路、小石、門闕、果蓏、閽寺、指、狗、鼠、木堅多節	東北
兌	澤	羊	口	少女	巫、口舌、毀折、附決、地剛鹵、妾、羊	西方

劃歸為同一類者，就表象觀之，固然風馬牛不相及；然而，就其功能屬性而言，實有明確的分類依據。

《周易》思維方法中，「方以類聚，物以群分」的分類思想，尤為義理派學者所重視。王弼《周易略例》便曾提到：「是故觸類可為其象，合義可為其徵。義苟在健，何必馬乎？類苟在順，何必牛乎？」（《王弼集》，頁 609）王弼著眼於事物的共性，重視概念的內涵，認為內涵可以統攝外延個別事項；相反的，外延個別事項卻不具此普遍之性，其言說所據，便是此等邏輯思維。朱熹在說解《易·同人·象辭》「類族辨物」時，也曾對「類」概念提出他的看法：

> 問：「『類族辨物』，如伊川說云：『各以其類族辨物之同異也。』則是就類族上辨物否？」曰：「『類族』是就人上說，『辨物』是就物上說。天下有不可皆同之理，故隨他頭項去分別。『類族』，如分姓氏，張姓同作一類，李姓同作一類。『辨物』，如牛類是一類，馬類是一類。就其異處以致其同，此其所以為同也。」（《朱子語類》卷七十，頁 1764～1765）

事物的類屬關係，應當「就其異處以致其同」，亦即探求事物所以然之理。就邏輯思維而言，意味著：概念內涵比外延個別事項更為根本，抽象之理比具體事物更具價值，其說與程頤「有理而後有象」之說相近，基本上，都屬於《周易》邏輯思維中的「類」概念。

就卦爻符號而言，在類推過程中，常會遇到一個棘手問題：所占問之事，與卦爻辭所云之事，兩不相涉。為了將所問之事納入卦爻辭，必須將卦爻辭所言之事抽象化，方能靈活包容事事物物，做出各種判斷。據此，朱熹提出「易只是個空底物事」之說，將卦爻辭視為先驗原則，從而進行類推，此種推理方式，朱熹稱之為「稽實待虛」。朱熹以卦爻辭為事物之理，將《周易》內容抽象化，展現了象數思維中形式邏輯的特色。

在易學領域中，卦爻是一種象，一種符號；然而，當陰陽五行成了萬物的分類依據，那麼，陰陽五行也成了一種生命符號，「以通神明之德，以類萬物之情」（《周易·繫辭傳》）。對此，朱熹曾提到：

> 問：「自一陰一陽，見一陰一陽又各生一陰一陽之象。以圖言之，『兩儀生四象，四象生八卦』，節節推去，固容易見。就天地間著實處如何驗得？」

　　曰：「一物之上又自各有陰陽，如人之男女，陰陽也。逐人身上，又
　　各有這血氣，血陰而氣陽也。如晝夜之間，晝陽而夜陰也，而晝陽
　　自午後又屬陰，夜陰自子後又屬陽，便是陰陽各生陰陽之象。」（《朱
　　子語類》卷六十五，頁 1604～1605）

在朱熹學說體系中，自然現象的「陰陽」，乃是順應自然規律，相依相成，相
推相濟；而〈河〉、〈洛〉數理更是據陰陽之說而發，前者在陰陽基礎上兩其
五行，後者則採倫理意義的「陽主陰從」之說，以五奇數統領四偶數。實則，
〈河〉、〈洛〉數理也是另一種「象」的呈現，將天地之理納入數理結構中，
展現有秩序的象數意義。

（二）醫家象數思維

　　中醫學吸收《周易》取象分類之說，從功能屬性出發，將人體臟腑區分
爲陰陽五行之屬，對此，張其成便曾提到：

　　《黃帝內經》以陰陽五行類分人體臟腑，對「象」的分析注重功能、
　　輕視實體，即以功能爲「象」；採用易象分類原則，以陰陽五行整體
　　劃分世界，即以陰陽五行爲「象」。……中醫學吸收並發展了《周易》
　　「陰陽」概念。在《素問‧陰陽應象大論》中以「陰陽」應象爲依
　　據，構築藏象學說。認爲天地自然及人體生理、病理，萬千形象皆
　　與陰陽之象相對應。以動態、功能之象構築藏象，成了中醫學對人
　　體進行觀察的根本方法，具體地說，就是以表示事物行爲功能的動
　　態形象爲本位，以形體器官和物質構成爲輔從的方法。〔註9〕

《內經》區分人體臟腑，並非西醫解剖學意義的器官概念，而是將之與既有
陰陽五行象數思維相結合，以功能屬性構築其「藏象」學說。

　　當《內經》將「陰陽」納入人體結構功能來探討時，「陰陽」便成了一種
生命符號，展現生命之「象」，其云：

　　心爲陽中之太陽，肺爲陽中之少陰，肝爲陰中之少陽，脾爲陰中之
　　至陰，腎爲陰中之太陰。（《靈樞‧陰陽繫日月》卷七，頁 1）

心的功能表現爲陽盛，以「太陽」象之；肺的功能表現爲肅降，若秋天陽降
陰升「少陰」之象；肝的功能表現爲疏泄，似春天陰降陽升「少陽」之象；
腎的功能表現爲封藏，以「太陰」象之。脾，居中調和，以「至陰」屬之。

〔註 9〕張其成：《易道‧中華文化主幹》，頁 182。

同樣的，當《內經》將「五行」納入人體功能結構來探討時，「五行」也成了一種生命符號，展現生命之「象」：肝屬木，心屬火，脾屬土，肺屬金，腎屬水。上文提到《素問‧金匱眞言論》時，便曾將五臟與五方、五色、五味、五畜……等分類歸類，其分類原則便是依據功能屬性、動態聯繫關係。

雖道「一粒米，養百樣人」，然而，《內經》據陰陽五行學說，把人的形體分為五大類：木形之人、火形之人、土形之人、金形之人、水形之人，並配合五色、五音，歸納分析二十五種人在形體、生理、病理上的不同特點，名曰「陰陽二十五人」。《內經》所歸納的二十五種人，有助於醫家把握人們的外部特徵、內部氣血盛衰通滯，以期在針刺之時，施以不同治療方式，而收藥石之效。以下將《靈樞‧陰陽二十五人》原文整理成表格，圖式為：

	五音	形 之 於 人	稟木氣之全	稟木氣之偏
木	比于上角 似于蒼帝	蒼色、小頭、長面、大肩背、直身、小手足、好有才、勞心、少力，多憂勞於事。	能春夏不能秋冬，感而並生，足厥陰佗佗然	大角之人 左角之人 釱角之人 判角之人
火	比于上徵 似于赤帝	赤色、廣䏖、銳面小頭、好肩背髀腹、小手足、行安地、疾心、行搖、肩背肉滿、有氣輕財、少信、多慮、見事明、好顏、急心、不壽暴死	能春夏不能秋冬，秋冬感而病生，手少陰核核然	質徵之人 少徵之人 右徵之人 質徵之人
土	比于上宮 似于黃帝	黃色、圓面、大頭、美肩背、大腹、美股脛、小手足、多肉、上下相稱、行安地舉足浮、安心、好利人、不喜權勢、善附人	能秋冬不能春夏，春夏感而病生，足太陰敦敦然	太宮之人 加宮之人 少宮之人 左宮之人
金	比于上商 似於白帝	白色、小頭、小肩背、小腹、小手足、如骨髮踵外、骨輕、身清廉、急心、靜悍、善為吏	能秋冬不能春夏，春夏感而病生，手太陰敦敦然	釱商之人 右商之人 大商之人 少商之人
水	比于上羽 似于黑帝	黑色、面不平、大頭、廉頤、小肩、大腹、動手足、髮行搖身、下尻長、背延延然、不敬為、善欺紿人、戮死	能秋冬不能春夏，春夏感於病生，足少陰汗汗然	大羽之人 少羽之人 眾之為人 桎之為人

當身體平衡機制出了問題，陰陽失調，五行乘侮，便得投醫看病。中醫問診時，有所謂的「八綱辨證」。「八綱」，指的是陰、陽，表、裡，寒、熱，

虛、實，其中尤以「陰陽」爲要；「辨證」，嚴格說來，應當是「辨象」，按陰陽五行象數符號模型，找出對應病端，以期對症下藥。

　　總的來說，異中求同所得出的「共象」，乃橫跨古今，無分中外，亙古如一，鮮有變化。例如，中醫學利用「寸口法」找尋脈處，用的不是計量單位的「公寸」，而是「同身寸」的方式。大致說來，人的食指、中指、無名指、小指四指併攏，約爲三寸；然而，嬰幼兒與成人之指長寬不同，必須以其人之指，尋其身上穴位。誠然，找尋人的身體穴位，無法以數學方式訂出放諸四海皆準的答案，但是，中醫學卻以「同身寸」的方式，找到殊相當中的共象，實令人佩服。

　　前人綜觀紅塵萬象，尋繹「共象」所在，而觀象的目的，無非是希望從已知之象、已見之象，推知未顯的事物本象；然而，觀象時的迷思，就在於：錯把片刻之象、片面之象，誤執爲眞象，如何不爲眼前假象所誤導，實爲智慧的開端。因此，「與時推移」、「因地制宜」、「因人而異」、「因物變化」，再再點出靈活觀象的重要性。

　　實則，「數」也是一種「象」的表現，一種有規律可循的徵象。面對所生存的環境，更多時候，百姓日用而不知，生活依舊日復一日地過著；然而，當先民開始發現「數」的奇妙，也就意味著：人們逐漸發現一個理性、有秩序的宇宙和人生。放眼世間，理數、氣數，甚至命數、禮數，似乎都說明著，生活當中確實存在某些定數。

　　古老蓍草揲之得數，成了天人相通、上達天意的媒介；丹道煉養者，據易學數理，操持元氣流行之向，期盼超越世間有限壽命。當世人爲「數」所縛之際，修道有成者，卻得以「每當天地交合時，奪取陰陽造化機」，知數、運數、進以藉機而發，應時而動，創造另一種可能。同樣地，醫家亦藉由數理呈現之象，把握人體生理機能，維持生命的平衡穩定。

　　上文所提中醫「左肝右肺」之說，雖據陰陽五行的功能決定，然而，進一步探討，卻發現：其爲後天八卦〈河〉、〈洛〉象數模式的產物。張其成便指出：

> 在後天八卦模式中，左爲〈震〉卦，震屬木，在東方，主陽氣上升；
> 右爲〈兌〉卦，兌屬金，在西方，主陽氣下降。上爲〈離〉卦，離
> 屬火，在南方，爲陽氣上升最高點；下爲〈坎〉卦，坎屬水，在北
> 方，爲陽氣下降最低點。在〈河圖〉、〈洛書〉模式中，陽數從下向

> 上左旋爲：1→3→7→9 或 →1→3→9→7；陰數從下而上左旋
> 爲：6→8→2→4 或 →6→8→4→2。陽數是上升趨勢，陰數則
> 呈下降趨勢。在模式圖的正左方與正右方，〈河圖〉分別爲三八木與
> 四九金，〈洛書〉分別爲三宮震木與七宮兌金。〔註10〕

張氏繼而言之：

> 左肝木主陽氣升、陰氣降，反映〈河〉〈洛〉模式正左方陽數 3 向 7
> 或 9 上升，陰數 8 向 2 或 4 下降；右肺金主陽氣降、陰氣升，反映
> 〈河〉〈洛〉圖式正右方陽數 9 或 7 向 1 下降，陰數 4 或 2 向 6 上升。
> 從結構上看，左肝右肺、心上腎下的部位不是指五臟解剖的實際部
> 位，而是指〈河〉〈洛〉八卦的部位。〔註11〕

誠如朱熹《易學啓蒙》所言，〈河圖〉之所以爲數，「不過一陰一陽，以兩其
五行」；而〈洛書〉之數，乃「主于陽以統陰」，以五奇數統四偶數。醫家據
〈河〉、〈洛〉數理，說解體內陰陽之氣消長情況，將不易言詮的陰陽變化，
以數理方式呈現運行規律，予人們可資依循的氣行原則。大抵說來，〈河〉、〈洛〉
易數堪稱陰陽之數的體現。

二、朱熹陰陽思維

事物之間得以相互感應、感通，乃是因爲「氣」的中介作用，〈乾·文言
傳〉曾道：「九五曰：飛龍在天，利見大人，何謂也？子曰：同聲相應，同氣
相求。水流濕，火就燥，雲從龍，風從虎。聖人作而萬物覩，本乎天者親上，
本乎地者親下，則各從其類也。」（頁 43～44）同聲相應，同氣相求，《周易·
乾》卦此語，已從廣泛的感應說，走向清晰的「類」概念；其所以成爲同一
類，並非一個蘿蔔一個坑，隨意選取配對，而是在天、地、人三才同構思想
中，於形而上陰陽大化之「道」的同一，而非只是形而下「器」層面的比附。

早期人們面對世界時，既無法從對象自身找出發展的必然性，只好轉而
從類似的事物著手，就因果關係作出判斷，因此，《易經》當中多處可見類比
推理的運用。例如：「見龍在田，利見大人」，以龍的「見」類比人的「利見」，
大抵從自然事類比況人間事類的吉凶悔吝，成敗得失。

時至漢代，分類的精密性、準確度較前已有顯著提升，然而，人們受限

〔註10〕張其成：《東方生命花園——易學與中醫》，頁 113。
〔註11〕張其成：《東方生命花園——易學與中醫》，頁 113～114。

於陰陽五行框架，把世上一切都納入該體系中，根據陰陽五行之說，對萬事萬物進行分類，有時，甚而產生推理上的牽強，把原先不相干者，逕自說成同類，以《易》學發展過程而言，「卦氣說」便是一例。「卦爻」如何用以說明「氣」的運行呢？二者之所以相關聯的理由，可以說明如下：首先，「氣」的運行，乃是陰陽二氣的消長；其次，「卦爻」所言無非陰陽；因此，在「陰陽」這個連結點上，「卦爻」便可用以說明「氣」的流轉運行了。

醫家認為，人體生理機能的正常運作，有賴體內之氣的運行流轉，陰陽之氣固為之根，五臟之氣亦屬重要。當五臟與五行模式相配合時，脾屬土居中，水與火、木與金則為兩對陰陽，最終又可回到陰陽觀念上來。如果說，醫家以氣談陰陽，易學家以抽象概念使用「陰陽」一詞，那麼，「陰陽」儼然成為一種符號思維，一種生命符號的思維方式。

陰陽，就屬性而言，代表著兩種對立性質；就動態功能而言，則呈現互補相成關係。天地之間，無有孤陰孤陽的情況，衡諸日月如是，觀之男女亦同，朱熹曾針對「陰陽」提出他的看法：

> 陰陽有箇流行底，有箇定位底。「一動一靜，互為其根」，更是流行底，寒暑往來是也；「分陰分陽，兩儀立焉」，便是定位底，天地上下四方是也。「易」有兩義：一是變易，便是流行底；一是交易，便是對待底。（《朱子語類》卷六十五，頁1602）

繼而又謂：

> 交易是陽交於陰，陰交於陽，是卦圖上底。如「天地定位，山澤通氣」云云者是也。變易是陽變陰，陰變陽，老陽變為少陰，老陰變為少陽，此是占筮之法。如晝夜寒暑，屈伸往來是也。（《朱子語類》卷六十五，頁1605～1606）

陰陽交易，陰陽本身又各具陰陽，此「陰陽互藏」觀點，與醫家之說相一致，就象數思維而言，屬於辯證思維中的相成原則；陰陽變易，流行不已，實為天地大化生生不息的活力源泉。

辯證思維從動態、整體角度把握事物的發展過程，無論對醫家、或易學家而言，都是相當重要的思維方式，對此，傅雲龍、柴尚金便曾說道：

> 中醫學受《易》學普遍聯繫求同一思想的影響，特別注重人和周圍環境的有機聯繫，人的身體和精神的有機聯繫，人身體各個部分之間的有機聯繫，各種醫療方法之間的有機聯繫。並用陰陽的平衡和

諧作爲判明病因依據，特別是用「氣」來說明事物之間的普遍聯繫
和有機統一。聯繫的觀點是中醫學的最重要思想原則和方法論原
則。〔註12〕

所謂善診者，察色按脈，先別陰陽，望、聞、問、切四診，更以分別陰陽爲
首要之務，確定病因，方能予以調節，平衡陰陽，恢復常態。醫家認爲，人
體與大自然之間，有著相應的規律，人身宛若一個小天地般，陰陽交易變化，
對應著自然界陰陽消長生息，與易道殊途同歸，從不同角度，關心著人們所
生存的大化天地。

〔註12〕傅雲龍：柴尚金：《易學的思維》，頁 56。

第八章　結　論

　　國際朱子學會議，自一九八二年於夏威夷大學開始舉辦，迄今，已然累積許多寶貴的研究成果。其中，二〇〇〇年於台北召開之「朱子學與東亞文明研討會」，曾針對朱子學邊緣學科進行探討。筆者對於朱熹醫易會通問題的研究，目前尚未見到學界研究成果展現，當屬朱子學邊緣學科的新探勘。

一、朱熹知醫的源頭活水

　　錢穆在《朱子新學案》中，將朱熹對於醫學的接觸，置於「格物遊藝」之章；然而，這並非意味著：朱熹將醫說視若末技之流。實則，隨著醫家對於人的研究愈加精細，愈有助於心性學說的長足發展，朱熹談論陰陽問題時，便常援引《內經》之語，由是可知。

　　如同朱熹易學兼綜義理、象數之說，朱熹對於醫說的關注，也呈現多方源頭活水：由道知醫，從崔嘉彥處知曉神農醫術、診脈之學；自太醫弟子郭雍處知醫，並為郭雍《傷寒補亡論》作跋；據儒知醫，以本身學思涵養研讀古代醫學典籍，甚至對《內經》成書年代問題，提出一己之見，認為《內經》當成於戰國時期。晚年，更提出「《素問》語言深，《靈樞》淺，較易」的看法，此論是否成立，雖猶待商榷，然而，年逾半百之後，朱熹對於醫說的持續關注、對養生之方的深入瞭解，與其日益成熟的思想體系，實關係密切。

二、朱熹易學的別具卓見

　　朱熹對於醫說的關注，大抵在他思想成熟之際；崔嘉彥與郭雍，不僅將醫家學說思想介紹給朱熹，且不時與朱熹相互切磋易理。昔日固守的義理易

學園地，在朱熹年過半百之際，由於接觸象數派易學家，且吸收邵雍先天數學加一倍法，朱熹在早年「理一分殊」的基礎上，更確立「一分為二」的哲學原則，且對易學揲蓍之法、〈河圖〉〈洛書〉數理關係，皆有發前人未發之見。

綜觀朱熹易學思想發展過程，筆者以「堅守義理易學」、「探勘象數易學」、「肯定象占易學」概括之。朱熹肯定《易》為卜筮之書，且認為揲蓍變占與〈河圖〉〈洛書〉，存在著微妙的數理關係；並肯定《易》為象占之學，藉由陰陽象徵符號以運思，展現易象思維方式，體現普遍存在之理。

三、朱熹醫易會通研究成果

醫、易主要在象數學基礎上談會通問題，理、氣、象、數的探討，思維方式的深究，乃是本論文處理朱熹醫易會通的持論依據。

朱熹太極思維的確立，奠定其醫易會通的基礎之一。朱熹太極思維，隨著其易學體系日益發展，愈見成熟：四十三歲時，朱熹初成《太極圖說解》與《西銘解》，確立「理一分殊」思想；五十七歲時，由於吸收邵雍先天數學加一倍法，完成《易學啟蒙》，確立「一分為二」的哲學原則，爾後，更重視從「分殊」當中探討「理一」之道。蓋朱熹從崔嘉彥處，知曉醫說，已是半百之歲；從南康易學家郭雍處，得聞岐黃醫道，為五十七歲；時至六十三歲之際，方敢論斷《素問》、《靈樞》之別。就朱熹成學歷程觀之，筆者認為：朱熹深入醫說，已是他思想體系臻於成熟之際，醫家之道，對朱熹而言，亦是一分殊之說，最終，仍將統攝於更高層次的「太極」之理。

朱熹陰陽象數思維的確立，奠定其醫易會通的又一基礎。朱熹認為，陰陽是氣，五行是質，而五行又可歸結為陰陽之屬。朱熹陰陽思維，視陰陽五行為生命符號，將天地萬物依功能屬性，據象歸類，並以其傑出的〈河〉〈洛〉數理概念，將天地之理納入數理結構當中，展現有秩序的象數規律，此陰陽思維，不僅適用於朱熹易學思想，同樣展現於其理解醫家之說。必須說明的是，肯定陰陽平衡的同時，朱熹理學思想影響所及，猶不免主張「陽主陰從」之說；加以朱熹本身接觸丹道，亦主陽氣為發動生命之本源，因此，「陽主陰從」觀念，也影響了朱熹對於醫說的理解。

隨著朱子學成為官方學說，其由博返約的方法論、唯變所適的易學精神，實裨益醫家良多；朱熹鎔鑄理氣象數於一爐的象數思維，更為醫家提供豐富

理論依據，開啓金、元以降醫學理論的探勘。雖肯定象數之說，但，抽象而普遍之「理」，終究是朱熹不變的堅持！由於醫學的特殊性，在於它必須面臨到實際臨床檢驗，因此，援易而論醫的學說理論，置於封閉系統內來討論，或許可以臻於完美，但卻不能成爲臨床醫學的窠臼。

　　總的來說，天地之間，殊別之象可統攝於一理；不同學科之間，也存在著一以貫之之道，當學說或理論被提到思維層次來探討時，呈現的將是一種相對穩定、適用不同領域的思維方式，筆者以「太極思維」與「陰陽思維」爲基礎，探討朱熹醫易會通問題，希冀對於朱子學研究提供另一思考角度。

附錄：朱熹醫易大事記要

時 間	醫（道） 記 要	易 學 記 要
		⊙武夷三先生傳授易學： 劉子翬，主義理之說；劉勉之與胡憲，主易學象說。然而，年少時期的朱熹，仍是推崇程頤《易傳》。
宋高宗 紹興二十一 熹二十二歲	⊙朱熹結識廬山道士虛谷子劉烈，與之談《易》、論還丹之旨、研讀其《還丹百篇》之作，埋下丹家種子。 ⊙辭別劉烈之後，朱熹拜訪種藥服食，隱居藥園的謝伋（謝良佐之孫）。	
宋高宗 紹興二十二 熹二十三歲	⊙將近一年的時間，朱熹沈浸在佛經道書中；然而，此刻的朱熹，對於道教的關注，尚未深入哲理探討的思想層面。	
宋高宗 紹興二十三 熹二十四歲	⊙謁見李侗，也意味著：紹興二十一至二十三年間，所陶鑄的慕道情懷，逐漸地退出朱熹思想主流。	⊙赴同安之任，接觸閩地文風，除了欣見李侗，更驚聞林光朝「《周易》乃卜筮之書」的講法。
宋孝宗 乾道元年 熹三十六歲		⊙結識熟諳易象、天文、地理之學的蔡元定。
宋孝宗 乾道五年 熹四十歲		⊙奉母喪，居寒泉，寒泉著述時期的朱熹，猶持守程頤義理派易學。
宋孝宗 乾道六年 熹四十一歲		⊙《太極圖說解》初成
宋孝宗 乾道八年 熹四十三歲		⊙《西銘解》初成 《太極圖說解》與《西銘解》的初成，意味著：朱熹確立了「理一分殊」思想。

宋孝宗 淳熙三年 熹四十七歲		⊙〈答呂伯恭〉： 　朱熹於信中指出，「竊疑卦爻之詞本爲卜筮者斷吉凶」，這意味著：朱熹逐漸往象數易學走去，並肯定昔日林光朝之語。 ⊙〈書張氏所刻潛虛圖後〉： 　朱熹從占法上，考訂出時下所刻司馬溫公《潛虛》遺墨，實爲贋本。
宋孝宗 淳熙四年 熹四十八歲	⊙袁樞〈寄朱晦翁山中丹砂〉，將朱熹喻爲「紫陽眞人」張伯端；然而，朱熹卻認爲，當年潛研道經丹書，而今看來，方知醉醒夢覺。	⊙〈江州重建濂溪先生書堂記〉： 　文中有言，「〈河圖〉出而八卦畫，〈洛書〉呈而九疇敍」，〈河圖〉、〈洛書〉首次明確出現在朱熹行文中。 ⊙〈書麻衣心易後〉： 　文中傳達出對於陳摶、邵雍象數學的看重。
宋孝宗 淳熙六年 熹五十歲	⊙於南康結識崔嘉彥，知曉神農醫術，習得診脈之學，深入丹道之說。 蓋《四庫全書總目》卷一〇五醫家類存目，錄有《崔眞人脈訣》一卷；方以智《通雅》卷五十一所錄朱熹〈脈訣〉，即承自崔嘉彥。	⊙〈再跋麻衣易說後〉： 　朱熹指出，戴師愈所呈《麻衣易說》，確爲僞作。 ⊙〈再定太極通書後序〉： 　將〈太極圖〉與《太極圖說》區分開來
宋孝宗 淳熙七年 熹五十一歲		⊙南康易學家程迥，寄給朱熹其所作《古占法》、《周易外編》、《圖義》等，與朱熹往來就教。
宋孝宗 淳熙十三年 熹五十七歲	⊙郭雍，精於臨證，熟諳岐黃之道，曾得太醫傳授，廣採《素問》、《難經》、《千金要方》等方論，以補張仲景《傷寒雜病論》之闕，著有《傷寒補亡論》，得朱熹爲之作跋，即〈傷寒補亡論跋〉。	⊙《易學啓蒙》： 　朱熹吸收邵雍先天數學「加一倍法」，完成《易學啓蒙》，意味著：朱熹確立其「一分爲二」的哲學原則。 　朱熹《易學啓蒙》成書之後，十爲〈河圖〉、九爲〈洛書〉之說，成爲定論；劉牧「圖九書十」之說逐漸沈寂。 ⊙與南康易學大家程迥、郭雍、程大昌等人，進行易學論辯。 ⊙〈蓍卦考誤〉： 　繼承兼山學的郭雍，其論卜筮揲蓍，與唐人之說相去甚遠，朱熹起而作〈蓍卦考誤〉以正之。 　朱熹爲揲蓍之法與〈河圖〉、〈洛書〉找到數理契合關係，實爲創見；同時也宣告著：朱熹以《易》爲卜筮之書的看法，已然明朗化。 ⊙〈答王伯禮〉： 　信中反對程迥的兩儀、四象之說，肯定邵雍先天學二分法，並以之說明八卦生成。

時間		
		⊙〈與郭沖晦〉： 郭雍認爲〈河圖〉、〈洛書〉見於緯書，不予論之；但朱熹特作此信，信中將〈河圖〉、〈洛書〉與伏羲八卦聯繫談論，更把「八卦陰陽」與「五行」之說，在數理關係上，巧妙綰合。
宋孝宗 淳熙十四年 熹五十八歲		⊙〈與黃直卿〉： 朱熹對黃榦提到，周敦頤「太極學」與邵雍「先天學」，乃是「物理本同而象數亦無二致」。 ⊙《通書解》
宋孝宗 淳熙十五年 熹五十九歲		⊙朱、陸無極太極論辯 ⊙《周易本義》： 朱熹認爲，《易》本卜筮之書，觀其象，玩其占，方得本指；《易》乃象占之學，必須即象以求理，方能把握普遍之理。 ⊙《太極圖說解》、《西銘解》公開傳世 ⊙〈題太極西銘解後〉： 將《太極圖說》與《西銘》聯繫觀之
宋光宗 紹熙三年 熹六十三歲	⊙《朱子語類》中記載朱熹之語：「《素問》語言深，《靈樞》淺，較易。」	
宋光宗 紹熙四年 熹六十四歲	⊙朱熹託蔡元定赴青城山，尋訪道教所傳易圖，陳摶〈先天圖〉或說得之於此時。	
宋寧宗 慶元元年 熹六十六歲	⊙〈跋郭長陽醫書〉	
宋寧宗 慶元二年 熹六十七歲	⊙遭逢慶元黨禁打擊，朱熹將全副心力轉移至研讀經籍上，《周易參同契》於此際吸引著朱熹的目光。	
宋寧宗 慶元三年 熹六十八歲	⊙與甘叔懷相交甚篤，昔日深埋心底的高蹈長生之心，似又被喚醒，並建議甘叔懷於閩皂山磨崖，刻上〈河〉、〈洛〉、〈先天〉諸圖。 ⊙〈空同賦〉、〈調息箴〉： 復返空同，修養長生，接觸內丹學，與蔡元定共同研究陳摶「睡功」，且不諱言自名「空同道士鄒訢」。	
宋寧宗 慶元四年 熹六十九歲	⊙〈參同契說〉： 考得「策數之法」與「火候之法」相吻合	

主要引用及參考書目

一、易學類專著及論文

（一）專　著

1. 《易道：中華文化主幹》，張其成，中國書店，1999 年。
2. 《易符與易圖》，張其成，中國書店，1999 年。
3. 《周易象說》，錢世明，上海書店出版社，1999 年。
4. 《易經圖書大觀》，趙中偉，洪葉文化事業公司，1999 年。
5. 《周易繫辭傳新編詳解》，金景芳，瀋陽遼海出版社，1998 年。
6. 《易學源流》，鄭萬耕，瀋陽出版社，1998 年。
7. 《周易符號思維模型論》，楊樹帆，四川人民出版社，1998 年。
8. 《兩漢象數易學研究》，劉玉建，廣西教育出版社，1997 年。
9. 《易學的思維》，傅雲龍、柴尚金，瀋陽出版社，1997 年。
10. 《宋明易學概論》，徐志銳，遼寧古籍出版社，1997 年。
11. 《象數與義理》，張善文，洪葉文化事業公司，1997 年。
12. 《易學與美學》，劉綱紀、范明華，瀋陽出版社，1997 年。
13. 《周易全解》，金景芳、呂紹綱，韜略出版社，1996 年。
14. 《周易的思維與邏輯》，李廉，安徽人民出版社，1996 年。
15. 《易與人類思維》，張祥平，重慶出版社，1996 年。
16. 《周易大傳新注》，徐志銳，里仁書局，1995 年。
17. 《宋象數易學研究》，劉瀚平，五南圖書出版公司，1994 年。
18. 《周易知識通覽》，朱伯崑主編，齊魯出版社，1993 年。

19. 《周易之河說解》，李申，北京知識出版社，1992 年。

20. 《周易譯註》，黃壽祺、張善文，漢京文化事業公司，1992 年。

21. 《易學哲學史》，朱伯崑，藍燈文化事業公司，1991 年。

22. 《話說太極圖——《易圖明辨》補》，李申，海南出版社，1991 年。

23. 《易數鉤隱圖》，宋・劉牧，清乾隆年間文淵閣四庫全書本年，上海古籍出版社，1987 年。

24. 《圖學辯惑》，清・黃宗炎，清乾隆年間文淵閣四庫全書本年，上海古籍出版社，1987 年。

25. 《易圖明辨，清・胡渭，清乾隆年間文淵閣四庫全書本年，上海古籍出版社，1987 年。

26. 《易緯乾鑿度》，漢鄭玄注，清乾隆年間文淵閣四庫全書本年，上海古籍出版社，1987 年。

27. 《周易本義》，宋・朱熹，華正書局，1983 年。

28. 《周敦頤太極圖說考辨》，周學武，學海出版社，1981 年。

29. 《易程傳、易本義》，宋・程頤、朱熹，河洛圖書出版社，1974 年。

30. 《周易注疏》，魏王弼、晉韓康伯注、唐孔穎達疏，學生書局，1967 年。

（二）論　文

1. 〈河洛研究的方法論問題——評所謂「揭破〈河圖〉、〈洛書〉千古之謎」的「研究成果」〉，韓增祿，《國際易學研究》第四輯，華夏出版社，1998，頁 255～274。

2. 〈易之象及其現代意義論綱〉，王樹人，《國際易學研究》第四輯，華夏出版社，1998 年，頁 284～296。

3. 〈《周易》符號系統的特點〉，閻韜，《國際易學研究》第四輯，華夏出版社，1998 年，頁 297。

4. 〈〈洛書〉與數陣〉，王懷，收錄於《國際易學研究》第三輯，華夏出版社，1997 年，頁 160～174。

5. 〈先天易學象數思維模式管窺〉，唐明邦，收錄於《國際易學研究》第三輯，華夏出版社，1997 年，頁 175～190。

6. 〈太極圖淵源辨〉，李申，《周易研究》，1991 年第一期，頁 22～33。

7. 〈論朱熹太極說的歷史地位〉，鄧艾民，收錄於《朱熹王守仁哲學研究》，華東師範大學出版社，1989 年 3 月，頁 35～52。

8. 〈周敦頤《太極圖說》與朱熹《太極圖說解》辨異〉，夏鎮平，《孔子研究》，1988 年二期，頁 74～78。

9. 〈太極〉，鄭萬耕，《中國哲學史研究》，1986 年第三期，頁 89～92。

10. 〈從朱陸異同一個方法論看歷史研究中的主客觀問題〉，謝大寧，《中國學術年刊》第五期，1983 年 6 月，頁 101～108。

11. 〈宋明理學中的太極觀念〉，陳榮捷，《思與言》，第二十卷第三期，1982 年 9 月，頁 201～206。

12. 〈論朱熹的太極說（上、中、下）〉，鄧艾民，《明報月刊》，第十六卷二～四期，1981 年 2～4 月。

13. 〈論太極圖與先天圖之傳授〉，錢穆，收錄於《中國思想史論叢》，東大圖書公司，1978 年，頁 73～84。

14. 〈朱子太極即理說〉，戴景賢，《書目季刊》，第十卷第四期，1977 年 3 月，頁 25～30 年。

15. 〈太極問題疏抉〉，唐君毅，《新亞書院學術年刊》，第六期，1953 年 9 月，頁 1～69 年。

16. 〈朱子論無極太極〉，錢穆，收錄於《朱子新學案》第一冊，頁 263～282。

二、醫道類專著及論文

（一）專　著

1. 《周易與中醫運氣》，楊力，建宏出版社，2002 年。

2. 《黃帝素問直解》，清・高士宗著，于天星按，北京科學技術文獻出版社，2001 年。

3. 《中國醫學史》，甄志亞主編，台北知音出版社，2000 年。

4. 《黃帝內經靈樞注證發微》，明・馬蒔著，王洪圖、李硯青點校，北京科學技術文獻出版社，2000 年。

5. 《黃帝內經、神農本草經、中藏經、脈經、難經精譯》，黃志杰等主編，北京科學技術文獻出版社，1999 年。

6. 《鍼灸甲乙經、傷寒論、金匱要略、溫病條辨精譯》，黃志杰等主編，北京科學技術文獻出版社，1999 年。

7. 《內經》，程士德主編，台北知音出版社，1999 年。

8. 《東方生命花園——易學與中醫》，張其成，中國書店，1999 年。

9. 《新譯周易參同契，劉國樑注釋、黃沛榮校閱》，三民書局，1999 年。

10. 《生命的修煉——易道氣功養生》，曲黎敏、彭賢，中國書店，1999 年。

11. 《易學與氣功》，黃漢立，上海學林出版社，1999 年。

12. 《周易與華夏文明》，翟亭晉主編，上海人民出版社，1998 年。

13. 《中國道教史》，任繼愈，上海人民出版社，1997 年。

14. 《易學與養生》，劉長林、滕守堯，瀋陽出版社，1997 年。

15. 《性理與岐黃》，徐儀明，中國社會科學出版社 1997 年。
16. 《玄境——道學與中國文化》，張立文等主編，北京人民出版社，1997年。
17. 《出入命門——中國醫學文化學導論》，陳樂平，上海三聯書店，1997年。
18. 《易道新論》，顧文炳，上海社會科學院，1996 年。
19. 《中國人的養生之道》，李永成等著，河南人民出版社，1996 年。
20. 《易學與道教文化》，詹石窗、連鎮標，福建人民出版社，1995 年。
21. 《道教與周易》，劉國梁，北京燕山出版社，1994 年。
22. 《靈樞經》，唐·王冰，臺灣中華書局，1993 年。
23. 《道教與中國文化》，葛兆光，東華書局，1989 年。
24. 《道藏輯要》，彭文勤等纂輯，賀龍驤校勘，新文豐出版公司，1986 年。
25. 《黃帝內經素問合纂》，明·張隱庵、馬元臺，老古文化事業公司，1981年。
26. 《太平聖惠方》，宋·王懷隱等編，新文豐出版公司，1980 年。
27. 《正統道藏》，藝文印書館，1977 年。

（二）論 文

1. 〈從易學思維模式看中西醫區別與醫、《易》會通〉，周繼旨，收錄於《國際易學研究》第三輯，華夏出版社，1997 年，頁 271～277。
2. 〈醫與《易》之合——分——合〉，薛公忱，收錄於《國際易學研究》第三輯，華夏出版社，1997 年，頁 399～413。

三、其 他

（一）專 著

1. 《朱子全書》，朱熹，上海古籍出版社，2002 年。
2. 《朱熹的思維世界》，田浩，陝西師範大學出版社，2002 年。
3. 《陸游評傳》，邱鳴皋，南京大學出版社，2002 年。
4. 《十三經注疏分段標點》，新文豐出版社，2001 年。
5. 《四庫全書閩人著作提要》，朱維幹輯錄，福建人民出版社，2001 年。
6. 《朱熹年譜長編》，束景南，華東師範大學，2001 年。
7. 《南宋金元道教文學研究》，詹石窗，上海文化出版社，2001 年。
8. 《宋儒微言》，盧國龍，華夏出版社，2001 年。
9. 《莊子集釋》，郭慶藩輯，頂淵文化出版社，2001 年。

10. 《朱陸學術考辨五種》，吳長庚主編，江西高校出版社，2000 年。

11. 《宋明理學通論——一種文化學的詮釋》，朱漢民，湖南教育出版社，2000 年。

12. 《儒道關係視野中的朱熹哲學》，孔令宏，中華大道文化事業股份有限公司，2000 年。

13. 《意義與符號》，苟志效，廣東人民出版社，1999 年。

14. 《程朱思想新論》，楊曉塘，北京人民出版社，1999 年。

15. 《朱子理學美學》，潘立勇，東方出版社，1999 年。

16. 《東方民族的思維方法》，中村元，淑馨出版社，1999 年。

17. 《朱熹評傳》，張立文，南京大學出版社，1998 年。

18. 《朱伯崑論著》，朱伯崑，瀋陽出版社，1998 年。

19. 《人身小天地》，鄺良，北京華藝出版社，1998 年。

20. 《中國藝術的生命精神》，朱良志，安徽教育出版社，1998 年。

21. 《中國儒學史》，韓鍾文，廣東教育出版社，1998 年。

22. 《朱熹與宋代蜀學》，粟品孝，北京高等教育出版社 1998 年。

23. 《朱熹集》，宋·朱熹，郭齊、尹波點校，以《四部叢刊》影印本為底本，參以淳熙本》，宋浙本、宋閩本，四川教育出版社，1997 年。

24. 《三才大觀》，鄺良，北京華藝出版社，1997 年。

25. 《天人象：陰陽五行學說史導論》，謝松齡，山東文藝出版社，1997 年。

26. 《中國系統思維》，劉長林，中國社會科學出版社 1997 年。

27. 《宋明理學史》，侯外廬等，北京人民出版社，1997 年。

28. 《張載評傳》，龔杰，南京大學出版社，1996 年。

29. 《程顥程頤與中國文化》，蔡方鹿，貴州人民出版社，1996 年。

30. 《朱子學與明初理學的發展》，祝平次，學生書局，1994 年。

31. 《朱熹思想研究》，張立文，中國社會科學院出版社，1994 年。

32. 《周敦頤評傳》，梁紹輝，南京大學出版社，1994 年。

33. 《太極思維與現代管理》，何成正，廣西漓江出版社，1993 年。

34. 《朱熹思想論叢》，鄒永賢主編，廈門大學出版社，1993 年。

35. 《中國哲學原論（導論篇）》，唐君毅，學生書局，1993 年。

36. 《周敦頤全書》，周文英主編，江西教育出版社，1993 年。

37. 《宋明理學》，陳來，洪葉文化事業公司 1993 年。

38. 《宋明理學邏輯結構的演化》，張立文，萬卷樓，1993 年。

39. 《朱子大傳》，束景南，福建教育出版社，1992 年。

40. 《宋明理學概述》，錢穆，學生書局，1992 年。

41. 《宋代理學與佛學之探討》，熊琬，文津出版社，1991 年。

42. 《理學的演變——從朱熹到王夫之、戴震》，蒙培元，文津出版社，1990 年。

43. 《中國心性論》，蒙培元，學生書局，1990 年。

44. 《朱子學研究》，鄒永賢主編，廈門大學出版社，1989 年。

45. 《朱學論集》，陳榮捷，學生書局，1988 年。

46. 《朱子新探索》，陳榮捷，學生書局，1988 年。

47. 《擊壤集》，宋·邵雍，廣文書局，1988 年。

48. 《宋元學案》，清·黃宗羲，華世出版社，1987 年。

49. 《續資治通鑑長編》，宋·李燾，清乾隆年間文淵閣四庫全書本，上海古籍出版社，1987 年。

50. 《周易參同契發揮》，宋俞琰，清乾隆年間文淵閣四庫全書本，上海古籍出版社，1987 年。

51. 《朱子語類》，宋·黎靖德編，文津出版社，1986 年。

52. 《二程遺書》，宋·二程弟子記，收錄於《二程文集》，北京中華書局，1985 年。

53. 《二程外書》，宋·二程弟子記，收錄於《二程文集》，北京中華書局，1985 年。

54. 《宋明理學史》，侯外廬、邱漢生、張豈之主編，北京人民出版社，1984 年。

55. 《二程粹言》，收錄於《二程集》，漢京文化事業公司，1983 年。

56. 《論宋明理學》，中國哲學史學會編，浙江人民出版社，1983 年。

57. 《四庫全書總目》，藝文印書館，1979 年。

58. 《宋史》，元·脫克脫、楊家駱主編，鼎文書局，1979～1980 年。

59. 《楊龜山先生全集》，宋楊時，學生書局，1974 年。

60. 《合印四庫全書總目提要及四庫未收書目禁燬書目》，台灣商務印書館，1971 年。

61. 《明儒學案》，清黃宗羲，台灣中華書局，1970 年。

62. 《二程子語錄》，宋朱熹編，影印明刊十行本，中國子學名著集成編印基金會，1968 年。

63. 《象山先生全集》，宋陸九淵，台灣商務印書館，1968 年。

64. 《張子全書》，宋張載，台灣中華書局，1966 年。

65. 《陸放翁全集》，宋陸游，世界書局，1963 年。

66. 《朱子新學案》，錢賓四先生全集，聯經出版社，不著年月。

（二）論　文

1. 〈朱子學與二十一世紀國際學術研討會論文集〉，於中國武夷山召開，2000年。

2. 〈朱子學術述評〉，錢穆，收錄於《中國學術思想史論叢》（五），蘭臺出版社，2000年，頁227～280。

3. 〈略論朱子學之主要精神〉，錢穆，收錄於《中國學術思想史論叢》（五），蘭臺出版社，2000年，頁251～259。

4. 〈陳摶其人其事〉，李遠國，收錄於文史知識編輯部編《道教與傳統文化》，北京中華書局，1992年，頁263～270。

5. 〈論《周易參同契》的宇宙模型〉，蕭漢明，收錄於陳鼓應主編《道教文化研究》第二輯，1992年，頁366～383。

6. 〈重談宋人圖書之學〉，戴君仁，《書目季刊》，第十一卷第三期，1977年，頁3～5。